W0173242

Vegan für Genießer

Vegan für Genießer

FEIN UND LEICHT SERVIERT

UMSCHAU

INHALT

VEGANES LEBEN

WAS IST EIGENTLICH VEGAN?

Im Unterschied zur vegetarischen Ernährung verzichtet die vegane
Ernährung nicht nur auf Fleisch, Geflügel und Fisch, sondern auch auf
andere tierische Lebensmittel wie Milch, Eier, Honig und Gelatine und
alle Produkte, die daraus hergestellt werden. Viele Veganer verzichten zudem auf alltägliche Gebrauchsgegenstände wie Kleidung und
Schuhe aus Wolle oder Leder sowie Putzmittel und Kosmetikartikel,
die mithilfe von Tierversuchen hergestellt wurden.

Die *Vegan Society* wurde 1944 von dem Engländer Donald Watson
als Abspaltung der englischen *Vegetarian Society* gegründet. Watson
und seine puristischen Anhänger störten sich daran, dass der Begriff „vegetarisch" als Abkürzung für ovolaktovegetarische Ernährung
gebräuchlich war. So kreierte Watson den Begriff „vegan", indem er
das englische Wort vegetarian auf seine Anfangs- und Endbuchstaben
verkürzte und damit symbolisch zum Ausdruck brachte, was vegan
in seinen Augen bedeutete, nämlich die logische Fortführung des
Vegetarismus.

Die Entscheidung für eine vegane Lebensform ist meist ethisch be-
gründet, was auch der Definition des Veganismus durch die *Vegan
Society* zu entnehmen ist, in der das Bestreben formuliert wird
„soweit wie möglich und praktisch durchführbar, alle Formen der
Ausbeutung und Grausamkeiten an Tieren für Essen, Kleidung oder
andere Zwecke zu vermeiden und darüber hinaus die Entwicklung tierfreier Alternativen zu fördern, was dem Nutzen der Tiere,

Menschen und der Umwelt dienen soll". Aber auch gesundheitliche Gründe können den Ausschlag für eine vegane Ernährung geben, etwa eine Allergie gegen tierisches Eiweiß.

Heute haben Veganer durch die „kulinarische Globalisierung" eine stattliche Auswahl an Lebensmitteln und auch an Ersatzprodukten (etwa auf der Basis von Soja), die eine abwechslungsreiche Speisekarte ermöglichen. Siehe dazu das Glossar ab Seite 156.

GESUNDE PFLANZENKÜCHE IM GOURMETRESTAURANT

Als ich mich dazu entschlossen habe, dieses erste Kochbuch von La Mano Verde zu veröffentlichen, war es mein Ziel, alle Gerichte aufzunehmen, die seit dem Eröffnungstag in Berlin am 1. November 2008, dem Weltvegantag, im Restaurant serviert wurden. Nun, alle sind es nicht geworden, aber über 100 der wichtigsten sind in diesem Buch zusammengestellt.

Verglichen mit unseren Anfängen werden Sie feststellen, dass sich unsere Rezepte weiterentwickelt haben. Mit der Zeit und durch die Arbeit mit veganen Lebensmitteln und Rohkost habe ich ein Gespür für die Möglichkeiten der veganen Küche bekommen. Also nahm ich die Herausforderung an, neben Sojafleischgerichten auch solche gänzlich ohne Ersatzfleischprodukte zu kreieren. So hat unsere Küche eine eigene, kreativere Richtung bekommen, in der frische und natürliche Zutaten, die geschmackvolle Präsentation und die feine Finesse im Vordergrund stehen. Als Gründer und Geschäftsführer von La Mano Verde hat sich damit mein Traum, eine ausgefallene, einzigartige und gesunde Küche zu kreieren, erfüllt.

Eines meiner Ziele war, das „alternative" Image von veganer Ernährung zu durchbrechen. Ich wollte sie anspruchsvoller machen und gleichzeitig für jeden zugänglich. Sojafleisch, das wir für unsere ersten Gerichte noch häufig verwendeten, fand nicht in allen veganen Gemeinden Akzeptanz, da es oft nur als Ersatz für traditionelle Fleischgerichte gesehen wird. Ich fand es spannend, mit diesem Aspekt im Kopf an den neuen Weg für das La Mano Verde zu gehen. Trotzdem habe ich einige dieser Rezepte aus unserem Archiv mit in dieses Buch genommen, da jedes ein Teil unserer Geschichte, unserer Entwicklung ist und nicht vergessen werden darf.

Seitdem das Restaurant eröffnet wurde, habe ich zusammen mit meiner Geschäftspartnerin Christiane Stunde um Stunde und Tag um Tag für unseren Traum gearbeitet. Der Weg zum Erfolg ist für einen Restaurantinhaber körperlich und emotional fordernd und fühlt sich die meiste Zeit wie eine nicht enden wollende Achterbahnfahrt an. Da das La Mano Verde auf einem einzigartigen Konzept basiert, war unsere Aufgabe ungleich differenzierter. Unsere Entscheidung, zu 100 % pflanzliche Gerichte anzubieten, stellte uns vor eine Reihe von Hürden. Wir mussten erfahren, dass viele Leute erst nach dem Warum fragten, bevor sie sich ein erstes Mal trauten, bei uns zu speisen.

Über die Zeit haben wir aber viel Zuspruch bekommen, da wir immer wieder bewiesen haben, dass man in einem pflanzlichen Restaurant auf nichts verzichten muss, weder auf den Küchenstandard noch den Anspruch an den Service und erst recht nicht auf den Genuss. Natürlich half uns auch das gesteigerte gesellschaftliche Verständnis dafür, sich gesund zu ernähren, und der mittlerweile weitverbreitete Wunsch, unseren Planeten zu schützen. Zuallererst aber hat das La Mano Verde den Anspruch, seinen Gästen höchsten Genuss und ein professionelles Ambiente zu bieten. Wenn dabei auch noch die menschliche Gesundheit und die des Planeten geschützt werden, umso besser!

La Mano Verde wurde nicht nur aus rein ethischen Gründen eröffnet, sondern basiert in erster Linie auf der Liebe zum Essen und dem Wunsch, etwas Neues und ganz Spezielles in der kulinarischen Welt zu kreieren. Als Flexitarier, also jemand, der gelegentlich auch nicht-vegane Kost zu sich nimmt, hat meine Rolle in dieser rein veganen und rohköstlichen Kulisse oft für Verwirrung und Kritik gesorgt. Aber meine Antwort ist einfach: Die Idee hinter La Mano Verde ist es, die Wunder einer rein pflanzlichen Küche in einer komfortablen und anspruchsvollen Umgebung zu servieren, und unser Anliegen ist es, die Freude am Genießen mit allen Gästen zu teilen.

Mehr als zwei Jahre nach der Eröffnung haben wir viele Freunde und großartige Gäste gewonnen. Einige reisen sogar mit dem Ziel nach Berlin, einen Besuch bei uns zu erleben. Ich bin immer wieder erstaunt, aber auch stolz, über die Vielzahl der Gäste, die Fotos von unseren Gerichten machen, wenn sie serviert werden. Ich finde diese Bilder auf Internetseiten der ganzen Welt!

Ich widme dieses Buch meiner Tochter Naomi, meiner Partnerin Christiane und allen Gästen und Freunden; und ganz besonders zwei bemerkenswerten und inspirierenden Menschen und Autoren, Rose Marie Donhauser und Stefan Elfenbein.

Danke für eure Unterstützung und eure Freundschaft!

JEAN-CHRISTIAN JURY

SUPPEN UND SALATE

KÜRBIS-INGWER-CREMESUPPE

1 Hokkaidokürbis
50 g vegane Margarine
2 Zwiebeln, gewürfelt
50 g Ingwer, frisch gerieben
1 l Gemüsebrühe
250 ml Sojacreme
Salz, schwarzer Pfeffer

Kürbiskerne, Kürbiskernöl und Chilifäden zum Garnieren

ERGIBT 4 PORTIONEN

Den Backofen auf 200 °C vorheizen. Den Kürbis halbieren, die Kerne mit einem Löffel entfernen und den Kürbis dann für 40 Minuten in den Backofen geben. Nach dem Backen sollte er sehr weich sein.

Die Pflanzenmargarine in einem Topf erhitzen und die Zwiebeln und den Ingwer darin goldgelb anschwitzen. Mit der Gemüsebrühe auffüllen und bei mittlerer Hitze aufkochen lassen.

Währenddessen die Schale des Kürbis entfernen und das Fruchtfleisch in die Brühe geben. Bei geringer Hitze 20 Minuten köcheln lassen. Etwas Sojacreme zum Garnieren aufbewahren, den Rest unter die Suppe rühren und nochmals 5 Minuten kochen lassen. Mit dem Pürierstab oder dem Mixer zu einer geschmeidigen, cremigen Suppe verarbeiten und mit Salz und Pfeffer abschmecken.

Die Kürbiskerne in einer kleinen, beschichteten Pfanne ohne Fett anrösten. Die Suppe auf Schüsselchen verteilen und mit den gerösteten Kürbiskernen, etwas Kürbiskernöl und Sojacreme sowie Chilifäden garniert servieren.

TOMATEN-KOKOS-SUPPE

1 Zwiebel
2 Karotten
1 EL Olivenöl
120–250 ml Gemüsebrühe
750 ml Kokosmilch
250 g stückige Tomaten aus der Dose
Zucker, Salz

asiatischer Schnittlauch zum Garnieren

ERGIBT 4 PORTIONEN

Die Zwiebel fein hacken und die Karotten in feine Scheiben schneiden. Olivenöl in einem Topf erhitzen, Zwiebel und Karotten darin 5–6 Minuten anbraten. Ein wenig von der Gemüsebrühe angießen und etwa 5 Minuten köcheln lassen.

Anschließend die Kokosmilch dazugeben, aufkochen lassen, die Dosentomaten hinzugeben und 5–6 Minuten unter Rühren köcheln lassen. Ist die Suppe zu sämig, noch etwas Brühe hinzugeben. Mit Salz und Zucker abschmecken.

Den Topf vom Herd nehmen, die Suppe mit einem Stabmixer cremig pürieren und mit etwas Schnittlauch garniert servieren.

TIPP: Dazu schmecken frische Basilikumblätter, ganz oder in feine Streifen geschnitten, kurz vor dem Servieren in die Suppe streuen.

MISOSUPPE

1 Zwiebel
4 Knoblauchzehen
2 cm Ingwer
1 Zitronengrasstängel
50 g Shiitake oder braune Champignons
4 EL Pflanzenöl
4 EL Tamari (kräftige Sojasauce)
1 EL Sesamöl
4 EL helle Misopaste

Koriander zum Garnieren

ERGIBT 4 PORTIONEN

Zwiebel und Knoblauch fein hacken. Den Ingwer schälen und fein reiben. Das Zitronengras längs vierteln. Die Pilze putzen und in dünne Scheiben schneiden.

Das Öl in einem Topf erhitzen und die Zwiebeln darin 3–4 Minuten glasig dünsten. Den Knoblauch dazugeben und 2–3 Minuten bei geringer Hitze mitdünsten. Mit 1 Liter Wasser auffüllen und bei mittlerer Hitze aufkochen. Pilze, Ingwer, Sojasauce und Sesamöl hinzugeben und zugedeckt 15 Minuten köcheln lassen.

Etwas Suppe in eine Schüssel geben und die Misopaste darin auflösen. Zurück zur Suppe geben, 2 Minuten ziehen lassen, die Suppe darf nun nicht mehr kochen. Mit etwas Koriander garniert servieren.

TIPP: Die Einlagen der Misosuppe nach Geschmack wählen, zum Beispiel japanischen Rettich, Wakame (Alge), Porree oder Tofu.

PILZCREMESUPPE ▷

500 g frische Pilze (Champignons, Shiitake oder Waldpilze)
2 Staudenselleriestangen mit Grün
1 kleine Zwiebel
3 Knoblauchzehen
250 ml Gemüsebrühe
250 ml Natursojamilch
350 g Seidentofu
etwas Tamari (kräftige Sojasauce) oder helle Sojasauce nach Geschmack

Zitronen-Kräuter-Sauce (Rezept siehe unten) und Sprossen zum Garnieren

ERGIBT 4 PORTIONEN

Die Pilze säubern und klein schneiden. Sellerie mit Grün, Zwiebel und Knoblauch fein würfeln. Die Gemüsebrühe in einem Topf erhitzen, Pilze, Sellerie, Zwiebeln und Knoblauch dazugeben und in etwa 15 Minuten bei niedriger Hitze gar ziehen lassen. Einige Pilze aus der Brühe nehmen und zum Servieren beiseitestellen.

Anschließend die Sojamilch, den Tofu und die Sojasauce unterrühren und die Suppe mit dem Stabmixer fein pürieren. Noch einmal kurz aufkochen lassen. Ist die Suppe sehr sämig, gegebenenfalls etwas Wasser unterrühren.

In jeden Teller Suppe einige der beiseitegestellten Pilze geben und mit der Sauce garnieren. Sprossen darüberstreuen und sofort servieren.

ZITRONEN-KRÄUTER-SAUCE

3 Knoblauchzehen
1/2 Bd. Koriander
1 Frühlingszwiebel
80 ml Kokos- oder Olivenöl
3 EL fein gehackte grüne Paprika
2 EL Kokospaste
2–3 EL Tamari (kräftige Sojasauce)
1–2 TL Zucker
Saft von 1 Zitrone
Salz, schwarzer Pfeffer

Den Knoblauch fein würfeln. Koriander fein hacken. Die Frühlingszwiebel in feine Ringe schneiden.
Das Öl in einer Pfanne erhitzen und alle Zutaten hineingeben. Bei mittlerer Hitze unter Rühren etwa 2 Minuten erwärmen. Die Sauce darf nicht kochen, da sonst der frische Geschmack verloren geht. Kurz mit dem Stabmixer durchmixen und mit Salz und schwarzem Pfeffer abschmecken. Die Sauce zu Suppen oder Salaten servieren.

SÜSSKARTOFFEL-LINSEN-SUPPE

2 Zwiebeln
1 Apfel
3 Knoblauchzehen
3 cm Ingwer
1 Handvoll Koriander
2 TL Currypulver
3 EL Olivenöl
600 g Süßkartoffeln
200 g Karotten
100 g rote Linsen
1 1/2 l Gemüsebrühe
300 ml Sojacreme
Saft von 1 Zitrone
Salz, schwarzer Pfeffer

ERGIBT 4 PORTIONEN

Zwiebeln reiben. Apfel schälen, entkernen und ebenfalls reiben. Knoblauchzehen mit einer Gabel zerdrücken. Ingwer schälen und reiben. Die Korianderblätter grob hacken.

Currypulver in einem Topf ohne Zugabe von Öl etwa 2 Minuten sanft rösten. Olivenöl dazugeben, unter Rühren erhitzen, bis die Mischung richtig schön heiß ist. Zwiebel, Apfel, Knoblauch, Ingwer und Koriander dazugeben und 5 Minuten unter Rühren köcheln lassen.

Süßkartoffeln und Karotten schälen und reiben, mit den Linsen, der Brühe und der Sojacreme in den Topf geben. Aufkochen, die Hitze reduzieren und 20-25 Minuten sanft köcheln lassen. Mit dem Stabmixer nicht zu fein pürieren. Zitronensaft unterrühren, gegebenenfalls noch mit etwas Salz und Pfeffer abschmecken.

TIPP: Für ein etwas kräftigeres Aroma 100 Gramm geräucherten Tofu klein schneiden, anbraten und zur fertigen Suppe geben.

KAROTTENCREMESUPPE

800 g Karotten
1 kleine Zwiebel
5 cm Ingwer
3 EL Olivenöl
1 TL Currypulver
800 ml Gemüsebrühe
100 ml Orangensaft
250 ml Sojacreme
Salz, schwarzer Pfeffer

Sojacreme und Chilifäden
zum Garnieren

ERGIBT 4 PORTIONEN

Die Karotten grob, die Zwiebel fein würfeln. Ingwer schälen und ebenfalls fein würfeln.

In einem großen Topf das Olivenöl erhitzen, Zwiebel und Ingwer darin in etwa 3-5 Minuten glasig dünsten. Die Karotten zugeben und mit dem Currypulver bestäuben. Kurz mitbraten lassen, anschließend die Brühe angießen, die Hitze reduzieren und etwa 40 Minuten sacht köcheln lassen.

Orangensaft und Sojacreme dazugeben und die Suppe mit dem Stabmixer fein pürieren. Mit Salz und Pfeffer abschmecken und mit Sojacreme und Chilifäden garniert servieren.

ROT-GRÜNE GAZPACHO

ROTE GAZPACHO

400 g Tomaten
1/2 rote Paprika
50 g Sellerieknolle
1 kleine weiße Zwiebel
1 Knoblauchzehe
120 ml Tomatensaft
1 EL Olivenöl
1 EL Zitronensaft
1 EL Apfelessig
1 TL getrockneter Basilikum
1/2 TL gemahlener Kreuzkümmel
Chilisauce oder Tabasco zum Abschmecken
Salz, schwarzer Pfeffer aus der Mühle

GRÜNE GAZPACHO

100 g Salatblätter
100 g Spinatblätter
1 Frühlingszwiebel
1/2 Gurke
1 reife Avocado
1 EL gehackte glatte Petersilie
1 TL gehackte Minze
Salz, weißer Pfeffer

Kresse und Sprossen zum Garnieren

ERGIBT 4 PORTIONEN

Für die rote Gazpacho die Tomaten entkernen und das Fruchtfleisch würfeln. Die Paprika würfeln, den Sellerie schälen und ebenfalls würfeln. Die Zwiebel und den Knoblauch fein würfeln. Anschließend sämtliche Zutaten in einen Mixer geben und fein pürieren. Nach Bedarf noch etwas kaltes Wasser hinzufügen, wenn die Gazpacho zu dickflüssig ist. Abschmecken und für mindestens 8 Stunden, am besten über Nacht, kalt stellen.

Für die grüne Gazpacho den Salat und den Spinat grob hacken. Die Frühlingszwiebel fein würfeln. Die Gurke schälen und würfeln. Die Avocado halbieren, entsteinen und würfeln. Im Mixer zunächst Salat, Spinat, Frühlingszwiebeln, Gurke und Petersilie zu einem Püree verarbeiten. Nach und nach die Avocadowürfel und Minze dazugeben und alles fein pürieren. Mit Salz und weißem Pfeffer abschmecken und ebenfalls für mindestens 8 Stunden kalt stellen.

Zum Anrichten die beiden Gazpachos in kleine Kännchen füllen und nun gleichzeitig in einen Suppenteller gießen. Um den Yin-und-Yang-Effekt zu erzielen, ein S-förmiges Stück Metall oder Kunststoff in den Teller stellen und anschließend die Gazpachos dazugießen. Vor dem Servieren vorsichtig die Barriere entfernen und nach Wunsch garnieren.

TIPP: Die Gazpachos müssen sehr dickflüssig sein, damit sie nach dem Anrichten nicht ineinanderfließen.

KOKOS-LIMETTEN-GAZPACHO

2 Zwiebeln
Saft von 2 Limetten
400 ml Kokosmilch
2 TL Zitronengraspaste
2 TL Agavendicksaft
1 Prise Cayennepfeffer
Salz, schwarzer Pfeffer

Hasel- oder Walnussöl und rote Pfefferbeeren zum Garnieren

ERGIBT 4 PORTIONEN

Die Zwiebeln fein würfeln und mit den restlichen Zutaten im Mixer zu einer cremigen Suppe verarbeiten. Mit Salz, Pfeffer und Cayennepfeffer abschmecken und für 1 Stunde kalt stellen.

Vor dem Servieren noch einmal gut durchrühren und gegebenenfalls nochmals abschmecken. Mit einigen roten Pfefferbeeren und etwas Öl garniert servieren.

HONIGMELONEN-MANGO-GAZPACHO

1 Honigmelone
1/4 Wassermelone
50 g kernlose grüne Trauben
Saft von 1 Limette
120 ml Mangosaft (alternativ auch
Pfirsichsaft)
2 EL Ingwersirup

ERGIBT 4 PORTIONEN

Die Honigmelone halbieren und mithilfe eines Löffels entkernen. Anschließend achteln, schälen und das Fruchtfleisch in grobe Stücke schneiden. Die Wassermelone ebenfalls entkernen, schälen und in Stücke schneiden. Die Trauben sorgfältig waschen.

Melonen, Trauben und Limettensaft in eine Schüssel geben und mit dem Stabmixer pürieren. Nach und nach den Mangosaft hinzugeben, bis die gewünschte Konsistenz der Gazpacho erreicht ist. Mit dem Ingwersirup abschmecken. Vor dem Servieren 1 Stunde kalt stellen.

KALTE MELONENSUPPE MIT MINZE

1 Kantalupmelone
2 cm Ingwer
1 Handvoll Minze
1 Becher gecrushtes Eis
2 EL Agavendicksaft
30 g geröstete Mandeln

ERGIBT 4 PORTIONEN

Die Melone halbieren und mithilfe eines Löffels entkernen. Anschließend achteln, schälen und das Fruchtfleisch in grobe Stücke schneiden. Den Ingwer schälen und fein hacken. Die Minze von den Stängeln zupfen. Dabei einige Blätter für die Garnierung beiseitelegen.

Melonenstücke, Eis, Ingwer, Agavendicksaft und gehackte Minze in einen Mixer geben und zu einer cremigen Suppe verarbeiten. Auf Suppenschalen verteilen, mit den Minzblättern und den Mandeln garnieren und sofort servieren.

AVOCADO-LIMETTEN-GAZPACHO

GAZPACHO
2 große Avocados
1 Gurke
1 Staudenselleriestange
1 Handvoll Koriander
Saft von 1 Limette
2 TL zerstoßene Kreuzkümmelsamen
1 TL zerstoßene Koriandersamen
1/2 TL Salz
1 TL Tamari (kräftige Sojasauce)

SOUR CREAM
200 g Cashewkerne
2 EL Zitronensaft
1/2 TL Salz

Schnittlauch zum Garnieren

ERGIBT 4 PORTIONEN

Die Avocados halbieren, entkernen und das Fruchtfleisch würfeln. Die Gurke schälen und würfeln. Staudensellerie putzen, gegebenenfalls die Fäden abziehen und in Scheiben schneiden. Die Korianderblätter von den Stängeln zupfen und fein hacken.

Die Zutaten für die Gazpacho zusammen mit 500 Millilitern Wasser im Mixer fein pürieren. Ist die Suppe noch zu sämig, etwas mehr Wasser untermixen.

Für die Sour cream alle Zutaten mit 200 Millilitern Wasser im Mixer zu einer Creme verarbeiten. Wenn die Creme noch zu fest ist, nach und nach etwas mehr Wasser untermixen. Etwas Sour cream auf die Suppe geben und mit gehacktem Schnittlauch garniert servieren.

KÜRBIS-PILZ-SUPPE

500 g Kürbis (z. B. Hokkaido oder
Butternuss)
1 Kartoffel
1–2 EL vegane Margarine
2 l Gemüsebrühe
4 weiße Champignons
4 EL Sojacreme
Salz, schwarzer Pfeffer

ERGIBT 4 PORTIONEN

Den Kürbis schälen, entkernen und würfeln, die Kartoffel schälen und
würfeln. In einem großen Topf die Margarine erhitzen. Den Kürbis zugeben und rundum anbraten. Die Gemüsebrühe angießen, die Kartoffel-
würfel dazugeben und mit Salz und Pfeffer würzen. Das Gemüse in etwa
20 Minuten weich garen, mit dem Stabmixer pürieren und bei geringer
Hitze warm halten.

Die Champignons in Scheiben schneiden. Die Margarine in einer Pfanne
zerlassen und die Champignonscheiben darin goldbraun braten. Mit Salz
und Pfeffer abschmecken.
Kurz vor dem Servieren die Sojacreme in die Suppe rühren und auf
Suppenteller verteilen. Mit den Pilzen garnieren und sofort servieren.

CURRY-GEMÜSE-SUPPE

1 Zwiebel

2 Schalotten

2 Knoblauchzehen

5 cm Ingwer oder Galangal

1 Zitronengrasstängel

1 rote oder gelbe Paprika

2 Karotten

8 kleine Kartoffeln

2 EL Pflanzenöl

4 EL Kurkuma

2 EL vegane Currypaste

1 l Gemüsebrühe

2 EL Tamari (kräftige Sojasauce)

2 TL Chiliflocken

400 ml Kokosmilch

1 Lorbeerblatt

2 Kaffirlimettenblätter

Kürbiskernöl und Korianderblätter in feinen Streifen zum Garnieren

ERGIBT 4-6 PORTIONEN

Zwiebel, Schalotten, Knoblauch und Ingwer schälen und fein hacken. Das Zitronengras in 5 Zentimeter lange Stücke schneiden. Die Paprika in grobe Stücke, die Karotten in Scheiben schneiden. Die Kartoffeln schälen und in mundgerechte Stücke schneiden.

Das Öl in einem großen Topf erhitzen, Zwiebeln und Schalotten darin glasig dünsten. Knoblauch, Ingwer, Zitronengras, Kurkuma und Currypaste dazugeben und 5 Minuten mitbraten. Paprika und Karotten dazugeben und mit Gemüsebrühe aufgießen. Mit der Sojasauce und den Chiliflocken würzen und aufkochen lassen.

Kartoffeln, Kokosmilch, Lorbeer und Limettenblätter dazugeben und unterrühren. Einmal kurz aufkochen lassen, dann die Hitze reduzieren und etwa 40 Minuten köcheln lassen, bis die Kartoffeln weich sind.

Zitronengras, Lorbeer und Limettenblätter entfernen, die Suppe mit einem Kartoffelstampfer oder mit dem Pürierstab zu einer sämigen Suppe verarbeiten. Die Suppe in Schalen füllen und mit dem Koriandergrün und etwas Kürbiskernöl garnieren.

TIPP: Dazu schmeckt gebratener Tofu.

GRÜNE WINTERSUPPE

1 Zwiebel
3 Knoblauchzehen
4 Kartoffeln
1 kg Grünkohl
1 EL Pflanzenöl
1 l Gemüsebrühe
Salz, schwarzer Pfeffer

Sprossen zum Garnieren

ERGIBT 4 PORTIONEN

Zwiebel hacken, Knoblauch schälen. Kartoffeln schälen und in Scheiben schneiden. Den Grünkohl putzen und in dünne Streifen schneiden.

In einem großen Topf das Öl erhitzen, die Zwiebeln darin weich dünsten. Mit Brühe auffüllen und die Kartoffeln und die geschälten, ganzen Knoblauchzehen hinzufügen. Aufkochen und bei geringer Hitze etwa 15 Minuten köcheln lassen, bis die Kartoffeln weich sind.

Mit dem Schaumlöffel die Kartoffeln und den Knoblauch aus der Suppe schöpfen und in einer Schale mit einer Gabel zermusen. Den Brei beiseitestellen. Den Grünkohl in die Brühe geben und in etwa 30 Minuten garen. Mit dem Stabmixer pürieren, das Kartoffel-Knoblauch-Mus unterrühren und mit Salz und Pfeffer abschmecken. Mit Sprossen garniert servieren.

ARTISCHOCKEN-TOMATEN-SUPPE

150 g Cashewkerne

2 Karotten

1 Zwiebel

3 Knoblauchzehen

200 g Artischockenherzen aus dem Glas

1 TL Meersalz

2 EL vegane Margarine

400 g Tomaten aus der Dose

1 TL zerstoßener schwarzer Pfeffer

Salz

frisches Basilikum zum Garnieren

ERGIBT 4 PORTIONEN

Die Cashewkerne 1 Stunde in Wasser einweichen. Abgießen, im Mixer cremig pürieren und beiseitestellen. Karotten, Knoblauch und Zwiebel fein würfeln. Die Artischockenherzen abgießen und grob hacken.

Einen großen Topf bei mittlerer Hitze erwärmen. Den Boden mit Salz bestreuen und 1 Minute erhitzen. Die Margarine zugeben und unter Rühren zerlassen. Karotten, Zwiebeln, Knoblauch und Artischocken zugeben und unter gelegentlichem Rühren 15 Minuten köcheln lassen.

Die Dosentomaten mit ihrem Saft dazugeben, kurz aufkochen lassen, die Hitze reduzieren und weitere 30 Minuten köcheln lassen. Mit Salz und Pfeffer würzen. Die Cashewcreme unterrühren und erneut 10 Minuten köcheln lassen. Die Suppe mit dem Stabmixer fein pürieren, in Schalen füllen und mit Basilikumblättern garniert servieren.

BLUMENKOHLCREMESUPPE

2 mittelgroße Zwiebeln
3 Knoblauchzehen
1 großer Blumenkohl
2 EL Pflanzenöl
1/2 TL Salz
120 ml trockener Weißwein
1 l Gemüsebrühe
250 ml Sojacreme
2 EL gehackter Schnittlauch
1 EL gehackte glatte Petersilie
3 EL Olivenöl
Salz, weißer Pfeffer

ERGIBT 4 PORTIONEN

Die Zwiebeln halbieren und in Ringe schneiden. Den Knoblauch fein hacken und den Blumenkohl in Röschen aufteilen.

Das Pflanzenöl in einem großen Topf bei mittlerer Hitze erwärmen, die Zwiebeln und das Salz hineingeben und mit einem Deckel verschließen. Die Hitze reduzieren und die Zwiebeln in 5-8 Minuten weich garen. Den Knoblauch hinzufügen und mit dem Wein ablöschen. Aufkochen und die Flüssigkeit in 3-5 Minuten fast komplett einkochen lassen.

Den Blumenkohl und die Gemüsebrühe hinzugeben, aufkochen, die Hitze reduzieren und den Blumenkohl in 20-25 Minuten sehr weich garen. Die Suppe anschließend fein pürieren. Nach Belieben können auch einige Blumenkohlstückchen nicht püriert werden und später als Einlage dienen. Die Sojacreme hinzufügen und unter Rühren aufkochen, vom Herd nehmen und mit Salz und weißem Pfeffer abschmecken.

Schnittlauch und Petersilie mit dem Olivenöl zu einem Kräuteröl verrühren. Beim Anrichten davon jeweils einige Tropfen auf die Suppe geben.

◁ BIRNEN-PASTINAKEN-SUPPE

4 reife Birnen
3 große Pastinaken
1 Porreestange
1 l Gemüsebrühe
50 ml Sojacreme

Balsamico-Blutorangen-Dressing (siehe
Seite 57) und geröstete Pinienkerne
zum Garnieren

ERGIBT 4 PORTIONEN

Die Birnen schälen, halbieren, entkernen und in grobe Stücke schneiden.
Die Pastinaken schälen und ebenfalls in grobe Stücke schneiden. Den
Porree putzen und in feine Ringe schneiden.

Birnen, Pastinaken und Porree in einen großen Topf geben und mit
der Gemüsebrühe bedecken. Aufkochen und bei geringer Hitze etwa
30 Minuten köcheln lassen, bis das Gemüse weich ist.

Mit dem Stabmixer cremig pürieren, die Sojacreme unterrühren und mit
Pinienkernen und etwas Dressing garniert servieren.

KÜRBIS-ORANGEN-SUPPE

1 Kürbis (z. B. Butternuss)
2 Zwiebeln
2 Knoblauchzehen
2 EL Olivenöl
Saft und Schale von 1 Orange
1/4 TL Muskatnusspulver
Salz, schwarzer Pfeffer

ERGIBT 4 PORTIONEN

Den Backofen auf 200 °C vorheizen. Den Kürbis halbieren, entkernen
und mit der Schnittseite nach unten auf ein mit Backpapier ausgelegtes
Backblech geben. Im Ofen in etwa 30 Minuten weich backen.

Die Zwiebeln und den Knoblauch fein würfeln. In einem Topf das Olivenöl erhitzen und die Zwiebeln darin glasig dünsten. Den Knoblauch
dazugeben und einige Minuten mitdünsten.

Das Fruchtfleisch des Kürbisses auslöffeln und zu den Zwiebeln geben.
Den Orangensaft und die –schale dazugeben und die Mischung pürieren.
So viel Wasser angießen, dass eine schön sämige Suppe entsteht. Vor-
sichtig erhitzen und mit Muskat, Salz und Pfeffer abschmecken.

CAESAR SALAD

CROÛTONS
4 Knoblauchzehen
1/2 Baguette oder Ciabatta
50 g vegane Margarine

DRESSING
3 Knoblauchzehen
2 EL Dijonsenf
2 EL Nährhefeflocken
2 EL gehackte Mandeln
2 EL Zitronensaft
1/2 EL Tamari (kräftige Sojasauce)
1 EL Olivenöl
weißer Pfeffer

SALAT
150 g veganes Hähnchenfilet
1 kleiner Romanasalat
10 g Feldsalat oder junger Spinat
4 Cocktailtomaten
5 schwarze Pfefferkörner

ERGIBT 4 PORTIONEN

Den Backofen auf 175 °C vorheizen. Knoblauch fein würfeln. Baguette in mundgerechte Croûtons schneiden. In einer großen Pfanne die Margarine bei mittlerer Hitze zerlassen. Den Knoblauch hineingeben und leicht anrösten. Die Brotwürfel dazugeben, mehrmals schwenken, anschließend auf ein mit Backpapier ausgelegtes Backblech geben. Im Ofen in etwa 15 Minuten knusprig backen. Herausnehmen und auskühlen lassen.

Für das Dressing den Knoblauch sehr fein hacken und in einer kleinen Schüssel mit dem Senf, der Hefe und den Mandeln gut vermengen. Zitronensaft, 60 Milliliter Wasser, Sojasauce und Olivenöl dazugeben und mit dem Pürierstab zu einer cremigen Sauce pürieren. Mit weißem Pfeffer würzen und kalt stellen.

Das vegane Hähnchenfilet in Streifen schneiden, in einer Pfanne goldbraun anbraten und beiseitestellen. Den Salat waschen und in mundgerechte Stücke zupfen. Die Cocktailtomaten halbieren, den Pfeffer in einem Mörser grob zerstoßen.

In einer großen Schüssel Salat und Tomaten mit dem Dressing vermengen, mit den Croûtons und dem schwarzen Pfeffer bestreuen. Abschließend die veganen Hähnchenbruststreifen über den Salat geben und sofort servieren.

RADIESCHEN-BOHNEN-SALAT

SALAT
500 g frische dicke Bohnen
350 g Radieschen
1 kleine rote Zwiebel
1 eingemachte Zitrone
3 EL Olivenöl
Saft von 2 Zitronen oder Limetten
2 EL gehackter Koriander
2 EL gehackte glatte Petersilie
1 EL zerstoßene Kreuzkümmelsamen
Salz, schwarzer Pfeffer

SAUCE
2 Knoblauchzehen
150 ml Tahini (Sesampaste)
80 ml Zitronensaft
1 Handvoll glatte Petersilie
Salz

Pitabrote zum Servieren

ERGIBT 4 PORTIONEN

Die Kerne der dicken Bohnen in einem Topf mit heißem Wasser für 2 Minuten blanchieren, dann abgießen und mit reichlich kaltem Wasser abschrecken. Anschließend die Bohnen sanft aus ihrem Häutchen drücken.

Die Radieschen in mundgerechte Stücke, die Zwiebel in dünne Ringe schneiden. Die eingemachte Zitrone mit Schale fein hacken. Dicke Bohnen, Radieschen, Zwiebeln, Zitronen, Öl, Zitronensaft, Kräuter und Kreuzkümmel in einer Schüssel vermengen. Mit Salz und Pfeffer abschmecken.

Für die Sauce den Knoblauch fein hacken, mit der Tahini, dem Zitronensaft und 150 Millilitern Wasser mit dem Pürierstab zu einem cremigen Dressing verarbeiten. Die Petersilienblätter grob hacken. Zum Dressing geben und erneut pürieren.

Die Sauce zum Salat reichen und mit dem Pitabrot servieren.

ROTE-BETE-GRANATAPFEL-SALAT

2 mittelgroße Rote Beten
3 EL Olivenöl
3 Blutorangen oder Orangen
2 Granatäpfel
1 kleine rote Zwiebel
2 EL Balsamico
4 EL Granatapfelsirup
Salz, schwarzer Pfeffer

ERGIBT 4 PORTIONEN

Den Backofen auf 220 °C vorheizen. Die Rote Bete waschen und jeweils die Wurzelenden abschneiden, damit sie gut stehen können. Zwei große Stücke Alufolie zur Hälfte falten, die Rote Bete daraufsetzen, mit etwas Olivenöl beträufeln, mit Salz und Pfeffer würzen und in die doppelte Alufolie einwickeln. Auf ein mit Backpapier ausgelegtes Backblech setzen und auf der mittleren Schiene im Ofen in 60–80 Minuten weich garen.

Aus dem Ofen nehmen und abkühlen lassen. Die Rote Bete schälen und in dünne Scheiben schneiden. (Sie kann bis zu 2 Tage vor dem Verzehr vorbereitet und im Kühlschrank aufbewahrt werden. Vor dem Weiterverwenden dann Raumtemperatur annehmen lassen.)

Die Blutorangen schälen und filetieren. Die Granatäpfel halbieren und die Kerne herauslösen, die Zwiebel in feine Ringe schneiden. Essig, Sirup und das restliche Öl zu einem dickflüssigen Dressing verrühren, mit Salz abschmecken.

Zum Anrichten jeweils ein paar Scheiben Rote Bete auf Tellern auslegen. Zunächst die Blutorangenfilets, dann die Zwiebelringe und schließlich die Granatapfelkerne darübergeben. Mit dem Dressing beträufeln und mit etwas schwarzem Pfeffer würzen.

GRÜNER PAPAYASALAT

DRESSING
2 EL Tamari (kräftige Sojasauce)
2 EL dunkle Sojasauce
1 EL Reisessig
2 EL Zucker
2 TL Sambal oelek (scharfe Chilipaste)

SALAT
1 große grüne Papaya
1 kleine Karotte
1 Prise Zucker
1 Prise Salz
170 g gepresster, in Sojasauce marinierter Tofu
1 Handvoll Thaibasilikum
50 g ungesalzene Erdnüsse
1 grüne Chilischote

gehäutete Tomatenviertel zum Garnieren

ERGIBT 4 PORTIONEN

Für das Dressing alle Zutaten kräftig in einer Schüssel verrühren, beiseitestellen und etwas ziehen lassen, damit sich die Aromen entfalten können.

Die Papaya schälen, halbieren und die Kerne mit einem Löffel herausschaben. Die Papaya in feine Streifen schneiden oder reiben. Die Karotte schälen und ebenso reiben. Papaya und Karotte in einer Schüssel vermengen. Zucker und Salz darübergeben und mit den Händen gut einarbeiten. Nach einer Weile wird das Gemüse sehr geschmeidig, sollte im Kern aber immer noch fest sein. Dann in einem Sieb gut mit kaltem Wasser abspülen und abtropfen lassen.

Das Gemüse in eine große Schüssel geben. Den Tofu würfeln und das Thaibasilikum fein hacken. Die Erdnüsse grob hacken und alles zu der Papaya-Karotten-Mischung geben und gut unterrühren. Dann das Dressing darübergeben und erneut gründlich vermengen. Die Chili in dünne Ringe schneiden und über den Salat geben. Mit Tomatenvierteln garnieren und sofort servieren.

TIPP: Am besten lassen Papaya und Karotte sich mit einer Mandoline oder einem Spiralschneider in nudelähnliche Formen schneiden.

THAI-LAARB-TUNA-SALAT

300 g veganer Thunfisch
5 EL Limettensaft
1 Bd. Minze
2 EL gewürfelte Schalotten
2 EL fein gehackte Frühlingszwiebeln
4 EL gerösteter Reis
Thaichilipulver, Himalayasalz

Weißkohlblätter, heißer Duftreis und
rote Chilischote zum Servieren

ERGIBT 4 PORTIONEN

Den Thunfisch mit dem Limettensaft in einer Schüssel mischen. Die Minzblätter von den Stängeln zupfen, fein hacken und unterrühren. Die restlichen Zutaten dazugeben, gut vermischen und mit Thaichili und Himalayasalz abschmecken.

Den Thunfischsalat in einem Weißkohlblatt servieren, dazu schmeckt heißer Duftreis.

Schön scharf wird der Salat mit feinen Chiliringen.

TIPP: Wer den gerösteten Reis nicht im Asialaden kaufen, sondern selbst machen möchte, hier ein Rezept: 200 Gramm ungekochten Reis portionsweise in einer ungefetteten Pfanne bei mittlerer Hitze unter ständigem Rühren möglichst gleichmäßig bräunen. Den Reis abkühlen lassen und ebenfalls portionsweise im Mörser oder in der Küchenmaschine zerkleinern.
Den gemahlenen Reis durch ein feines Küchensieb geben. Das mehlige Pulver ist dann für die Weiterverarbeitung fertig.

KLASSISCHER THUNFISCHSALAT
LA MANO VERDE

DRESSING
2 Knoblauchzehen
2 EL Zitronensaft
2 TL vegane Worcestershiresauce
2 TL Zwiebelpulver
2 TL Dijonsenf
1 Prise Salz
100 ml Olivenöl

SALAT
1 Zwiebel
2 Tomaten
1 Avocado
300 g veganer Thunfisch
4 EL abgekühlter, gekochter Reis

Eisberg- und Romanasalatblätter
zum Servieren

ERGIBT 4 PORTIONEN

Für das Dressing alle Zutaten, außer dem Öl, in einen Mixer geben, das Öl während des Mixens nach und nach einfließen lassen. So lange weiter mixen, bis das Dressing homogen und cremig ist.

Zwiebel fein hacken, Tomaten in mundgerechte Stücke schneiden, Avocado schälen und würfeln, mit dem Thunfisch und dem Reis in eine Schüssel geben. Die Hälfte der Salatsauce darübergeben und unterheben. Mit Salatblättern servieren.

TIPP: Die restliche Salatsauce lässt sich einige Tage gut verschlossen im Kühlschrank aufbewahren. Vor der Weiterverwendung noch einmal kurz aufmixen.

ASIATISCHER PILZSALAT MIT CHINAKOHL

5 getrocknete schwarze Pilze (z. B. Mu-Err)

500 g Chinakohl

1 TL Salz

2 Paprika

1 grüne Chilischote

2 EL Pflanzenöl

1 Dose Bambussprossen, in feine Streifen geschnitten

1 TL Zucker

3 TL Reisessig

1 TL Tamari (kräftige Sojasauce)

1 EL Tomatenmark

2 EL Sesamöl

ERGIBT 4 PORTIONEN

Die getrockneten Pilze mit heißem Wasser übergießen und 30 Minuten ziehen lassen. Abgießen, das Einweichwasser dabei auffangen. Den Chinakohl halbieren, den Strunk entfernen, den Kohl in Streifen schneiden und 5 Minuten in kochendem Wasser blanchieren. Abgießen, abtropfen lassen und in eine große Schüssel füllen. Salz darübergeben und gut vermischen.

Paprika und Chili in feine Würfel schneiden. Das Öl in einer großen Pfanne erhitzen, Paprika, Chili, Bambussprossen und die eingeweichten Pilze dazugeben und 2 Minuten dünsten.

Zucker, Essig, Tamari, Tomatenmark und Sesamöl dazugeben, verrühren und 1 Minute kochen lassen. Vom Einweichwasser 200 Milliliter abmessen (gegebenenfalls mit Wasser auffüllen) und in die Pfanne geben, aufkochen, die Hitze reduzieren und 3–4 Minuten sanft köcheln lassen. Den Sud über den Kohl geben und gut verrühren. Sofort heiß servieren.

GARTEN-TAGLIATELLE

60 g rohe Sonnenblumenkerne
2 große grüne Zucchini
1 große gelbe Zucchini
1 TL Salz
60 g Walnüsse
1/4 Gurke, geschält
1/4 Zucchini, geschält
Saft von 1/2 Zitrone
2 TL Olivenöl
2 getrocknete Datteln
1 Knoblauchzehe
1 TL Salz
1 Handvoll Basilikum

Pilze in Scheiben oder rote Paprika
in feinen Streifen zum Garnieren

ERGIBT 4 PORTIONEN

Sonnenblumenkerne mit Wasser bedecken und 6 Stunden einweichen, abgießen und abtropfen lassen.

Die Zucchini mit einem Julienneschneider, mit der Mandoline oder per Hand in sehr feine lange Streifen (wie Tagliatelle) schneiden. Diese Gemüsepasta in einer Schüssel mit dem Salz bestreuen, gut durchmischen und 1 Stunde bei Raumtemperatur ruhen lassen. Anschließend gut abspülen, abtropfen lassen und mit Küchenpapier trocken tupfen. Im Kühlschrank 1 Stunde kalt stellen.

Sonnenblumenkerne, Walnüsse, Zucchini, Zitronensaft, Olivenöl, Datteln, Knoblauch und Salz im Mixer zu einer cremigen Sauce verarbeiten, gegebenenfalls etwas Wasser dazugeben. Im Kühlschrank 1 Stunde kalt stellen.

Die Sauce und die Zucchini-Tagliatelle vorsichtig miteinander vermengen. Das Basilikum fein hacken und untermischen, mit Pilzen oder Paprika garniert servieren.

PILZSALAT ▷

200 g Champignons
200 g Austernseitlinge
1 Schalotte
1/2 Bd. glatte Petersilie
4 EL Walnussöl
2 EL Zitronensaft
50 g gehackte Walnüsse
10 Champignons, in Scheiben
Salz, schwarzer Pfeffer

Karotte in feinen Streifen zum Garnieren
Cracker oder frisches Brot zum Servieren

ERGIBT 4 PORTIONEN

Die Pilze putzen und fein hacken. Die Schalotte schälen und in feine Ringe schneiden. Die Petersilie fein hacken.

In einer Schüssel Öl und Zitronensaft mit der Petersilie zu einem Dressing verrühren und mit Salz und Pfeffer abschmecken.

Die Schalotten, die Pilze und die Walnüsse zugeben und vorsichtig unterrühren, sodass alle Zutaten gut mit dem Dressing bedeckt sind.

Die Champignonscheiben auf Tellern zu einem Bett anrichten, den Pilzsalat darauf verteilen, mit Karottenstreifen garnieren und Cracker oder frisches Brot dazu reichen.

GURKEN-ALGEN-SALAT

125 g Queller (Passe-Pierre-Alge)
25 g getrocknete Wakame (Alge)
1/2 Gurke
1 Bd. Frühlingszwiebeln
1 EL Reisessig
1 EL Mirin (japanischer Reiswein)
1 EL Tamari (kräftige Sojasauce)
Salz, schwarzer Pfeffer, Zucker

Geröstete Sesamsamen zum Garnieren

ERGIBT 4 PORTIONEN

Queller und Wakame mit kochendem Wasser übergießen und 10 Minuten einweichen. Abgießen, trocken tupfen und in feine Streifen schneiden. Gurke schälen und ebenfalls in feine Streifen schneiden. Frühlingszwiebeln hacken.

Gurke und Frühlingszwiebeln in einer Schüssel mit Queller, Wakame, Essig, Mirin und Tamari vermischen, mit Salz, Pfeffer und etwas Zucker abschmecken. Mit gerösteten Sesamsamen garniert servieren.

BLUMENKOHL-SELLERIE-COUSCOUS

1 Blumenkohl
1 Staudenselleriestange
1 kleine Zwiebel
1 Handvoll Koriander
Saft von 1-2 Limetten (nach Geschmack)
Meersalz, schwarzer Pfeffer

Salatblätter zum Servieren

ERGIBT 4 PORTIONEN

Blumenkohl putzen und in Röschen aufteilen. Dabei möglichst viel Strunk entfernen. Sellerie in grobe Würfel schneiden, Zwiebel hacken.

Die Blumenkohlröschen in einen Mixer geben und zu einer Couscous ähnlichen Konsistenz verarbeiten. Anschließend mit dem Sellerie ebenso verfahren.

Den Koriander fein hacken, mit dem Blumenkohl, dem Sellerie und der Zwiebel in einer Schüssel vermengen, mit dem Limettensaft, Salz und Pfeffer abschmecken. Für mindestens 1 Stunde kalt stellen.

Auf einigen Salatblättern anrichten und sofort servieren.

TIPP: Für eine etwas schärfere Variante noch etwas gelbes Currypulver unterrühren.

BAUERNBROTSALAT MIT TOMATEN

6-8 italienische Tomaten (z. B. San Marzano)
250 g Bauernbrot vom Vortag
2 rote Zwiebeln
2 Knoblauchzehen
1 Bd. Basilikum
2-3 Thymianzweige
60 ml Rotweinessig
120 ml Olivenöl
1 EL französischer Senf
Salz, schwarzer Pfeffer

ERGIBT 4 PORTIONEN

Die Tomaten vierteln, das Brot entrinden und würfeln. Die Zwiebeln in feine Ringe schneiden, den Knoblauch fein würfeln. Basilikumblätter von den Stängeln zupfen, die Thymianblättchen von den Zweigen. Basilikum in feine Streifen schneiden.

Für das Dressing Olivenöl, Essig und Senf verrühren und den Knoblauch hinzufügen. Brot, Tomaten, Zwiebeln und das Dressing gut vermischen, 30 Minuten ziehen lassen und anschließend mit Basilikum, Salz und Pfeffer abschmecken und mit Thymian bestreut servieren.

DRESSINGS

SENF-MEERRETTICH-DRESSING

100 ml Rotweinessig

2 EL Dijonsenf mit ganzen Senfkörnern

4 EL Agavendicksaft

3 EL geriebener Meerrettich

1 TL gehackter Knoblauch

1 TL gehacktes Basilikum

1/2 TL gehackter Oregano

1 TL gehackter Thymian

3 EL gehackte Schalotten

50 ml Olivenöl

50 ml Salatöl oder mildes Pflanzenöl

Meersalz, schwarzer Pfeffer

Alle Zutaten, außer den Ölen, in einen Mixer geben. Während des Mixens die Öle langsam einfließen lassen, bis ein cremiges Dressing entstanden ist. Für ca. 1 Stunde im Kühlschrank ziehen lassen.

ORIENTALISCHES DRESSING

8 EL Pflanzenöl

1 EL brauner Zucker

80 ml Essig

1 TL Salz

1 TL Senfpulver

1 EL Mohnsamen

1 TL frisch geriebener Ingwer

1 EL Limettensaft

etwas Chilipulver

Alle Zutaten zu einem cremigen Dressing verrühren. Im Kühlschrank aufbewahren.

APFELDRESSING

1 Frühlingszwiebel

1 TL Agavendicksaft

4 EL Apfelessig

4 EL Olivenöl

Salz, schwarzer Pfeffer

Die Frühlingszwiebel fein hacken und mit den restlichen Zutaten zu einem Dressing verrühren, mit Salz und Pfeffer abschmecken.

TIPP: Schmeckt auch mit sehr fein gewürfeltem Apfel.

LIMETTENVINAIGRETTE

abgeriebene Schale und Saft von 2 Limetten

8 EL Olivenöl

3 EL gehackte Minze

Salz, schwarzer Pfeffer

Limettenschale und -saft mit dem Olivenöl und der Minze verrühren, mit Salz und Pfeffer abschmecken.

SCHALOTTENVINAIGRETTE

6 EL Olivenöl
2 EL Rotweinessig
1 EL fein gehackte Schalotten
1 EL fein gehackter Thymian
Salz, schwarzer Pfeffer

Alle Zutaten miteinander verquirlen und mit Salz und Pfeffer abschmecken.

ZIMTDRESSING

8 EL Olivenöl
4 EL Himbeeressig
2 EL Rohrzucker
1 TL gemahlener Zimt
Salz, schwarzer Pfeffer

Alle Zutaten miteinander verquirlen und mit Salz und Pfeffer abschmecken.

HIMBEERVINAIGRETTE

50 g frische oder gefrorene Himbeeren
60 ml Apfelessig
60 ml Balsamico
2 TL Zucker
2 EL Dijonsenf
60 ml Pflanzenöl

Alle Zutaten, bis auf das Öl, in einen Mixer geben und zu einer cremigen Sauce verarbeiten. Langsam das Öl dazugießen und weitermixen, bis alle Zutaten gut vermengt sind.

BALSAMICO-BLUTORANGEN-DRESSING

2 EL Balsamico
60 ml Olivenöl
Saft von 1 Blutorange (ca. 60 ml)
Salz, schwarzer Pfeffer

Alle Zutaten, bis auf das Öl, in einen Mixer geben und zu einer cremigen Vinaigrette verarbeiten. Langsam das Öl dazugießen und weitermixen, bis alle Zutaten gut vermengt sind.

VORSPEISEN

ROTE-BETE-RAVIOLI AUF FENCHELSALAT

CASHEWCREME
200 g Cashewkerne
1 kleine Zwiebel
1 EL Sojalecithin
2 EL Nährhefeflocken
1 EL gehackter Schnittlauch
2 EL kaltgepresstes Olivenöl
Salz, schwarzer Pfeffer, Muskat

ROTE BETE
1 große Rote Bete, gegart
etwas Knoblauchöl

FENCHELSALAT
1 großer Fenchel
1 Thymianzweig
2 EL kaltgepresstes Olivenöl
3 EL Zitronensaft
Salz, schwarzer Pfeffer

BASILIKUMÖL
1 Knoblauchzehe
1 Handvoll Basilikum
4 EL kaltgepresstes Olivenöl
Salz, schwarzer Pfeffer

Kaiserschoten, Orangenfilets, Walnüsse
oder Sprossen zum Garnieren

ERGIBT 4 PORTIONEN

Für die Cashewcreme, die Kerne über Nacht in etwas kaltem Wasser einweichen. Die Zwiebel hacken, mit den Nüssen und den restlichen Zutaten im Mixer zu einer feinen Creme pürieren. Wenn die Creme zu fest ist, etwas Einweichwasser untermixen. Mit Salz, Pfeffer und Muskat abschmecken.

Die gegarte Rote Bete mit einer Aufschnittmaschine in feine Scheiben schneiden. Die Scheiben anschließend in eine Schüssel geben und mit dem Knoblauchöl 3–4 Stunden im Kühlschrank marinieren.

Den Fenchel für den Salat auf einem Gemüsehobel in feine Streifen hobeln. Die Blättchen von dem Thymianzweig zupfen und mit dem Olivenöl und dem Zitronensaft vermischen. Mit Salz und Pfeffer abschmecken und den Fenchel unterheben.

Die Knoblauchzehe schälen und zusammen mit den Basilikumblättern und dem Olivenöl fein pürieren. Mit Salz und Pfeffer abschmecken.

Für die Rote-Bete-Ravioli je 1 Teelöffel von der Cashewcreme auf eine Scheibe Rote Bete geben und mit einer weiteren Scheibe bedecken. Auf diese Weise 4–5 Rote-Bete-Ravioli pro Gast vorbereiten.

Abwechselnd Fenchelsalat und Ravioli auf den Tellern anrichten. Mit fein geschnittenen Kaiserschoten, Orangenfilets, Walnüssen oder Sprossen garnieren und mit dem Kräuteröl beträufeln.

TIPP: Dazu schmecken Früchte wie Mango, Apfel oder Birne, fächerförmig aufgeschnitten.

RAVIOLI BLANC

180 g Cashewkerne
2 große Kohlrabi
2 EL Kräuteröl
1 TL Sojalecithin
2 EL Nährhefeflocken
2 EL fein gehackter Schnittlauch
50 g Cocktailtomaten
2 EL Olivenöl
200 g Rotkohl
Saft von 1 Zitrone
1 Thymianzweig
1 Handvoll Koriander
Salz, schwarzer Pfeffer

Sprossen zum Garnieren

ERGIBT 4 PORTIONEN

Cashewkerne in einer Schüssel mit Wasser bedecken und über Nacht einweichen.

Die Kohlrabi schälen, mit der Aufschnittmaschine in hauchdünne Scheiben schneiden und in Kräuteröl einlegen.

Die Cashewkerne abgießen, mit dem Lecithin und etwas Wasser im Mixer zerkleinern. Hefeflocken, Schnittlauch, Cocktailtomaten und Olivenöl dazugeben und zu einer Creme verarbeiten. Mit Salz und Pfeffer würzen.

Rotkohl mit einem Hobel dünn aufschneiden und mit Zitronensaft, Thymian und Salz abschmecken.

Eine Kohlrabischeibe auf einen Teller geben, etwas Cashewcreme darauf platzieren, ein Korianderblatt auflegen und mit einer zweiten Kohlrabischeibe bedecken. Auf diese Weise 4-5 Ravioli pro Gast zubereiten. Mit Sprossen garnieren und mit dem Rotkohlsalat servieren.

PASTINAKENSUSHI

400 g Pastinaken
Saft von 1/2 Zitrone
2 EL Apfelweinessig
1 TL Agavendicksaft
4 Noriblätter
Salz, schwarzer Pfeffer

FÜLLUNG NACH GESCHMACK
Karotten, Avocado oder Stauden-
sellerie in feinen Streifen
Sprossen

Wasabi und Sojasauce zum Servieren

ERGIBT 4 ROLLEN

Die Pastinaken schälen und in grobe Stücke schneiden. Zusammen mit dem Zitronensaft, dem Apfelessig und dem Agavendicksaft in einer Küchenmaschine verarbeiten, bis die Masse die Konsistenz von Reis hat. Mit Salz und Pfeffer abschmecken.

Ein Noriblatt auf eine Bambusmatte legen. Etwa ein Viertel der Pastinakenmasse gleichmäßig auf dem Blatt verteilen und dabei jeweils 1 Zentimeter am unteren und oberen Rand frei lassen. Nun etwa ein Drittel der Reisfläche mit dem Gemüse belegen und dann das Sushi mit Hilfe der Bambusmatte aufrollen. Die Rolle in Stücke schneiden, mit den restlichen Noriblättern ebenso verfahren und zusammen mit Wasabi und Sojasauce servieren.

SUSHI MOCK TUNA TOGARASHI

1 EL veganer Thunfisch
2–3 TL vegane Mayonnaise (siehe Seite 75)
1 TL süßer japanischer Kochreiswein
1 TL gehackte Frühlingszwiebeln
1 EL Zitronensaft
1 TL Chilipulver

Thunfisch, Mayonnaise, Reiswein, Frühlingszwiebeln, Zitronensaft und Chilipulver miteinander vermischen. Die Mischung mit einem Esslöffel auf den aufgeschnittenen Pastinaken-Sushi-Rollen platzieren und servieren.

SUSHI MIT GEBACKENEN AUBERGINEN

TOMATENPÜREE
100 g fester Tofu
2 Tomaten
1/2 TL helle Misopaste

AUBERGINE
1 Aubergine
100 g Mehl zzgl. etwas zum Bestäuben
1 TL Backpulver
1/2 TL Salz
Pflanzenöl zum Anbraten

SUSHI
1 Karotte
1 Frühlingszwiebel
2 Romana- oder Radicchioblätter
4 Noriblätter
120 g fertig zubereiteter Sushireis
je 1 TL geröstete schwarze und weiße
Sesamsamen

eingelegter Ingwer, Wasabi oder
Tamari (kräftige Sojasoße) zum Servieren

ERGIBT 4 ROLLEN

Für das Tomatenpüree den Tofu und die Tomate würfeln und in einem Mixer mit etwas Misopaste fein pürieren. Gegebenenfalls mit etwas mehr Misopaste abschmecken, anschließend kalt stellen.

Die Aubergine in vier 1/2 Zentimeter breite und dicke Streifen schneiden. Mehl, Backpulver und Salz in einer Schüssel vermischen und mit 200–250 Millilitern kaltem Wasser zu einem dünnen, geschmeidigen Teig verrühren. Etwa 2 Zentimeter hoch Öl in eine schwere Pfanne füllen und erhitzen. Um die Temperatur zu prüfen, den Stiel eines Holzlöffels in das Öl halten. Bilden sich um den Stiel kleine Blasen, ist das Öl heiß genug. Nun die Auberginenstreifen bemehlen, überschüssiges Mehl abklopfen und durch den Teig ziehen. Portionsweise in heißem Öl frittieren. Auf Küchenpapier abtropfen und abkühlen lassen.

Die Karotte in Stifte, die Frühlingszwiebel in feine Ringe schneiden. Den Salat in feine Streifen schneiden. Ein Noriblatt mit der rauen Seite nach oben auf eine Bambusmatte legen. Mit angefeuchteten Fingern den Sushireis gleichmäßig darauf verteilen, dabei jeweils 1 Zentimeter am unteren und oberen Rand frei lassen. Mit den gerösteten Sesamsamen bestreuen und zwei Auberginenstreifen in die Mitte des Noriblattes legen. Einige Karottenstifte und Salatstreifen daraufgeben und mit Frühlingszwiebelringen bestreuen. Dann das Sushi mit Hilfe der Bambusmatte aufrollen. Mit den restlichen Zutaten ebenso verfahren und die vier Rollen in jeweils 6–8 Stücke schneiden.

Zum Anrichten etwas von dem Tomatenpüree auf einen Teller geben und die Sushirollenstücke anlegen. Nach Belieben mit eingelegtem Ingwer, Wasabi oder Tamari servieren.

VIETNAMESISCHE SOMMERROLLEN

150 g Tofu
30 g geröstete Erdnüsse
1 Karotte
40 g Glasnudeln
4 EL Zitronensaft
2 EL Tamari (kräftige Sojasauce)
100 g Sojasprossen
1 EL fein gehacktes Thaibasilikum
1 EL fein gehackter Thaikoriander
1 EL schwarzer Sesam
16 Thaibasilikumblätter
8 Reisblätter
Salz, Kurkuma

Sweet-Chili-Sauce und geröstete, gehackte
Erdnüsse zum Servieren

ERGIBT 4 PORTIONEN

Den Tofu in kleine Würfel schneiden und mit Salz und Kurkuma würzen. Die gerösteten Erdnüsse in einem Mörser zerstoßen. Die Karotte schälen und in feine Stifte schneiden.

Die Glasnudeln mit kochendem Wasser übergießen und 2 Minuten ziehen lassen. Anschließend in ein Sieb geben, unter kaltem Wasser abspülen und abtropfen lassen.

Zitronensaft und Tamari verrühren. Tofuwürfel, Erdnüsse, Karottenstreifen und die Glasnudeln dazugeben und gut miteinander vermengen. Anschließend Sojasprossen, Basilikum, Koriander und Sesam unterrühren und mit Salz oder etwas Tamari abschmecken.

Die Reisblätter kurz in warmem Wasser einweichen lassen, um sie geschmeidig zu machen. Je 2 Esslöffel der Tofumischung auf die weichen Reisblätter geben, je zwei Thaibasilikumblätter auflegen und vorsichtig aufrollen.

Die fertigen Sommerrollen mit Sweet-Chili-Sauce und den Erdnüssen servieren.

FRÜHLINGSROLLEN ▷

1 Pck. Frühlingsrollenteig-
blätter à 20 x 20 cm
2 Bd. Minze
10 cm frischer Ingwer oder Galangal
1 große Karotte
300 g Weiß- oder Chinakohl
200 g Sojasprossen
200 g fester asiatischer Tofu
1 Staudenselleriestange

Pflanzenöl zum Frittieren

Dip zum Servieren (Rezept siehe unten)

ERGIBT 4 PORTIONEN

Gefrorene Teigblätter einzeln auftauen lassen, trocken verpackte Blätter lassen sich sofort verwenden. Die Minzblätter von den Stängeln
zupfen und in feine Streifen schneiden. Ingwer schälen und fein hacken
oder reiben. Die Karotte ebenfalls schälen und reiben, den Kohl in feine
Streifen schneiden. Frische Sojasprossen waschen, solche aus dem Glas
abtropfen lassen. Den Tofu klein würfeln, den Sellerie gegebenenfalls
schälen und in sehr feine Streifen schneiden. Alle Zutaten für die Füllung
vermischen.

In die Mitte jedes Frühlingsrollenteigblattes einen großen Esslöffel der
Füllung geben. Die Enden über die Füllung schlagen und vorsichtig aufrollen. Mit den restlichen Teigblättern ebenso verfahren.

In einer großen Pfanne oder einem Wok das Pflanzenöl erhitzen. Die
Frühlingsrollen darin unter regelmäßigem Wenden goldbraun und knus-
prig braten. Auf Küchenpapier abtropfen lassen und mit dem Limetten-
Chili- oder einem anderen Dip servieren.

LIMETTEN-CHILI-DIP

3 EL Chili-Knoblauch-Sauce (aus dem
Asialaden)
6 EL Ananassaft
60 ml Mirin oder anderer japanischer
Reiswein mit etwas Zucker
1/2 TL fein geriebene Orangenschale
1 EL frisch gepresster Orangensaft
1 EL frisch gepresster Limettensaft
1 EL Maisstärke
2 TL geröstetes Sesamöl

Die Chili-Knoblauch-Sauce mit 5 Esslöffeln des Ananassaftes, Mirin,
Orangenschale, Orangen- und Limettensaft in einen Topf geben und
bei starker Hitze unter Rühren aufkochen. Die Stärke mit dem restlichen
Ananassaft anrühren und zur Sauce geben. Etwa 1 Minute kochen lassen.
Sobald die Sauce eindickt, vom Herd nehmen und das Sesamöl unterrühren. Auf Zimmertemperatur abkühlen lassen und als Dip zu Frühlingsrollen servieren.

MEDITERRANE HUMMUSPLATTE

300 g Kichererbsen aus der Dose
3 Knoblauchzehen
3 EL Zitronensaft
3 EL Tahini (Sesampaste)
1/2 TL Kreuzkümmelpulver
1/2 TL Paprikapulver
1 EL Olivenöl
1 EL gehackte glatte Petersilie

dünnes Fladenbrot und Oliven
zum Servieren

ERGIBT 4 PORTIONEN

Kichererbsen abgießen, mit reichlich kaltem Wasser spülen und abtropfen lassen. Den Knoblauch schälen und hacken.

Die fertigen Kichererbsen zusammen mit dem Knoblauch, dem Zitronensaft und 60 Milliliter Wasser für ca. 1 Minute im Mixer zu einer Creme verarbeiten. Wenn die Masse zu dickflüssig ist, noch etwas Wasser hinzufügen und erneut kurz durchmixen. Das Kichererbsenmus in eine Schüssel füllen und die Gewürze und die Tahini unterrühren.

Mit etwas Olivenöl beträufeln und mit gehackter Petersilie garnieren. Mit warmem Fladenbrot und Oliven servieren.

HUMMUS-VARIATIONEN

Das Basisrezept kann man nach Belieben mit den folgenden Zutaten verfeinern:

ARTISCHOCKEN-HUMMUS
Etwa 200 Gramm abgetropfte Artischockenherzen aus dem Glas oder der Dose mit in den Mixer geben und wie oben weiterverarbeiten.

SCHWARZER HUMMUS
Anstelle der Kichererbsen, schwarze Bohnen oder Belugalinsen verwenden.

ROTE-BETE-HUMMUS
Etwa 300 Gramm gekochte Rote Bete mit in den Mixer geben und wie oben weiterverarbeiten.

MEXIKANISCHER HUMMUS
1/2 Bund frischen Koriander hacken, 2 Jalapeños in grobe Stücke schneiden und beides mit in den Mixer geben. Statt des Zitronensafts Limettensaft dazugeben und wie oben weiterverarbeiten.

BOMBAY-HUMMUS
Fertigen Hummus mit 1 Esslöffel Currypulver würzen.

GRIECHISCHER HUMMUS
Etwa 100 Gramm Kalamata-Oliven mit in den Mixer geben und wie oben weiterverarbeiten.

GRÜNER HUMMUS
1 Handvoll Thaibasilikumblätter hacken, 10 Gramm Ingwer oder Galangal fein reiben. Beides mit in den Mixer geben und wie oben weiterverarbeiten.

ROTER PAPRIKA-HUMMUS
2 rote Paprika halbieren, entkernen und in einer Grillpfanne ohne Öl vorsichtig rösten. Wenn die Haut sich abzulösen beginnt, vorsichtig schälen. Die geschälten Paprika mit in den Mixer geben und wie oben weiterverarbeiten.

TOMATEN-HUMMUS
40 Gramm getrocknete Tomaten klein schneiden, mit in den Mixer geben und wie oben weiterverarbeiten.

OLIVEN-TOMATEN-TÖRTCHEN

150 g Cashewkerne
150 g rohe Pistazien
150 g getrocknete Tomaten
2 EL Olivenöl
Saft von 1 Zitrone
2 EL Nährhefeflocken
120 g entsteinte grüne Kalamata-Oliven
80 g entsteinte schwarze Kalamata-Oliven
1 Handvoll Basilikum
1 Gurke
80 g frische Sprossen
8 Cocktailtomaten
Salz, schwarzer Pfeffer

ERGIBT 4 PORTIONEN

Cashewkerne, Pistazien und Tomaten in einer Schüssel mit Wasser bedecken und 2–3 Stunden einweichen. Abgießen, abtropfen lassen und im Mixer mit dem Olivenöl, dem Zitronensaft und den Nährhefeflocken zu einer cremigen Masse verarbeiten. Die Hälfte der Masse im Kühlschrank etwa 2 Stunden kalt stellen. Die restliche Masse im Mixer mit den Oliven und den Basilikumblättern kurz vermischen, anschließend ebenfalls für 2 Stunden im Kühlschrank kalt stellen.

Die Gurke längs in sehr dünne Streifen schneiden (siehe Bild). Aus je zwei Streifen einen Ring mit 8-9 Zentimeter Durchmesser formen (am besten mithilfe eines Dessertrings). Zunächst eine Schicht der Nusscreme ohne Oliven einfüllen, darüber eine Schicht Sprossen geben, nun die Nusscreme mit Oliven einfüllen. Mit Sprossen und Cocktailtomaten garnieren.

TIPP: Dazu schmeckt auch Gurkendill.

ALGENKAVIAR

75 g frische oder gesalzene Algen
1 Schalotte
2 EL Sesam
2 EL Balsamico
1–2 EL Haselnussöl
Salz

frisches Brot zum Servieren

Die gesalzenen Algen müssen vor der Weiterverarbeitung gründlich in reichlich Wasser gespült und anschließend trocken getupft werden. Die Schalotte und die Algen fein hacken. Den Sesam in einer Pfanne ohne Öl vorsichtig goldbraun rösten, sofort vom Herd nehmen und in einer Schüssel mit den Schalotten, den Algen und dem Essig verrühren. Gerade so viel Öl hinzufügen, dass die Mischung bedeckt ist. Dann gut verrühren, mit Salz abschmecken und etwa 1 Stunde kalt stellen. Mit frischem Brot servieren.

PILZPÂTÉ

1 Zwiebel
300 g Champignons
100 g vegane Margarine
120 ml Sojamilch
1 EL Agar-Agar
1 TL Trüffelöl
Salz

Öl oder vegane Margarine zum Einfetten

Zwiebel und Pilze fein hacken. In einem Topf 1 Esslöffel der Margarine zerlassen und die Zwiebeln darin weich dünsten. Die Sojamilch hinzufügen und 10 Minuten köcheln lassen. Die restliche Margarine unterrühren und weitere 15 Minuten köcheln lassen.

Agar-Agar einrühren und kurz aufkochen. Dann die Mischung in einen Mixer geben oder mit dem Stabmixer fein pürieren. Anschließend die Pilze, das Öl und etwas Salz zugeben und einige Minuten mixen, bis eine feincremige Masse entstanden ist.

Eine Kasten- oder Pastetenform mit etwas Pflanzenöl oder Margarine einfetten und anschließend die Pilzcreme einfüllen. Vorsichtig rütteln, damit sich die Masse glatt verteilt. Für mindestens 3 Stunden kalt stellen, bis die Pâté fest wird.

ZAZIKI

1 Gurke
2 Knoblauchzehen
3 EL kaltgepresstes Olivenöl
1 EL Essig
400 g Natursojajoghurt
1 EL gehackter Dill
Salz, weißer Pfeffer

Die Gurke schälen, entkernen und würfeln, den Knoblauch ebenfalls fein würfeln.

In einer Schüssel Öl, Essig, Knoblauch, Salz und Pfeffer vermengen. Anschließend den Joghurt zugeben und kräftig verrühren.

Dann die Gurke und den Dill unterrühren und das Zaziki für mindestens 2 Stunden kalt stellen. Vor dem Servieren noch einmal abschmecken.

VEGANE MAYONNAISE

80 ml Sojacreme
1 TL Agavendicksaft
2 EL Dijonsenf
1 TL frisch gepresster Zitronensaft
180 ml Pflanzenöl
Salz

Alle Zutaten, außer dem Öl und dem Zitronensaft, in einen Mixer geben und zu einer Creme verarbeiten. Bei laufendem Mixer langsam den Zitronensaft und schließlich das Öl einfließen lassen, bis die Mayonnaise eindickt. Im Kühlschrank aufbewahren.

GUACAMOLE

2 reife Avocados
1 kleine Zwiebel
1 kleine Knoblauchzehe
1 Tomate
1 EL Zitronen- oder Limettensaft
Salz, Pfeffer

Tortillachips, Cracker oder
Pitabrot zum Servieren

Die Avocados halbieren, entkernen und das Fruchtfleisch aus der Schale lösen. Mit einer Gabel in einer Schüssel zu Mus verarbeiten.

Die Zwiebel und den Knoblauch fein hacken, die Tomate entkernen und ebenfalls fein hacken. Alle Zutaten zum Avocadomus geben, gut verrühren und mit Salz und Pfeffer abschmecken.

Mit Tortillachips, Crackern oder Pitabrot servieren.

AUBERGINENDIP

1 große Aubergine
1 große Zwiebel
2 Knoblauchzehen
2 EL Olivenöl
2 EL Tomatenmark
Salz, Pfeffer

Reis oder Pitabrot zum Servieren

Den Backofen auf 150 °C vorheizen. Die Aubergine auf ein mit Backpapier ausgelegtes Backblech legen. Im Ofen für ca. 1 Stunde backen, herausnehmen und abkühlen lassen. Anschließend halbieren, das Fruchtfleisch herauslöffeln und mit dem Stabmixer zu einer cremigen Masse verarbeiten.

Zwiebel und Knoblauch fein hacken. Das Öl in einem Topf bei mittlerer Hitze erwärmen und die Zwiebeln darin unter Rühren glasig dünsten. Den Knoblauch zugeben und für 1 Minute mitgaren. Tomatenmark unterrühren und 1 weitere Minute garen. Nun die Auberginencreme dazugeben und unter Rühren eindicken lassen. Mit Salz und Pfeffer abschmecken.

Mit Reis oder warmem Pitabrot servieren.

SALSA *MANO VERDE*

5 getrocknete Tomaten
1 rote Paprika
10 kleine Knoblauchzehen
6 EL kaltgepresstes Olivenöl
1 EL Chiliflocken
250 ml Gemüsebrühe
Salz

frische Tortillas, Tacos oder
Brot zum Servieren

Die getrockneten Tomaten für ca. 1 Stunde in kaltem Wasser einweichen. Abgießen und abtropfen lassen. Die Paprika entkernen und in grobe Stücke zerteilen. Den Knoblauch schälen.

Die Hälfte des Olivenöls in einer gusseisernen Pfanne bei mittlerer Hitze erwärmen. Paprika, Chili, Tomaten und den ganzen Knoblauch unter Rühren für 5-7 Minuten braten, bis die Paprika aufplatzt.

Den Pfanneninhalt zusammen mit der Gemüsebrühe in einen Mixer geben und pürieren. Das restliche Olivenöl in einer Pfanne erhitzen und das Püree dazugeben. Unter kräftigem Rühren für 5 Minuten eindicken lassen. Mit Salz abschmecken und abkühlen lassen.

Mit frischen Tortillas, Tacos oder frischem Brot servieren.

TIPP: Durch die Zugabe von 80 Gramm Sojajoghurt kann man die Salsa noch cremiger machen.

HAUPTSPEISEN

GEBACKENE AUSTERNPILZE MIT KARTOFFEL-PORREE-PÜREE

PÜREE
2 Porreestangen
500 g Kartoffeln, geschält und geviertelt
2 EL vegane Margarine
100 ml Sojacreme
Salz, schwarzer Pfeffer

AUSTERNPILZE
100 g Maisstärke
200 g Mehl
1 Prise Salz
1 Prise Zucker
1/2 TL Backpulver
3 EL Pflanzenöl
1 TL schwarzer Sesam
1 TL weißer Sesam
4 große Austernpilze

Pflanzenöl zum Braten

Kaiserschoten und verschiedene
Sprossen zum Garnieren

ERGIBT 4 PORTIONEN

Für das Pürre den Porree in 3 Zentimeter große Stücke schneiden und mit den Kartoffeln in einen großen Topf geben. Mit Wasser bedecken und in ca. 30 Minuten garen. Abgießen, das Kochwasser auffangen und beiseitestellen. Die Kartoffeln durch eine Kartoffelpresse drücken. Den Porree mit einem Stampfer zermusen.

Die Margarine in einem schweren Topf bei mittlerer Hitze zerlassen. Das Kartoffelpüree hinzufügen, nach und nach die Sojacreme einrühren und den Porree unterheben. Wenn die Konsistenz noch zu fest ist, ein wenig des aufgefangenen Kartoffelwassers unterrühren. Mit Salz und Pfeffer würzen.

Für den Tempurateig Maisstärke, Mehl, Salz, Zucker und Backpulver vermengen. Die Mischung langsam mit dem Pflanzenöl und etwas Wasser glatt und cremig rühren, dann den weißen und schwarzen Sesam untermischen. Den Teig für mindestens 15 Minuten kalt stellen.

Reichlich Pflanzenöl in einem Wok oder einer großen Pfanne sehr hoch erhitzen. Währenddessen die Austernpilze in dünne Scheiben schneiden. Die Scheiben in den vorbereiteten Teig tauchen, etwas abtropfen lassen und dann vorsichtig in das heiße Öl geben.
Für ca. 3 Minuten braten, bis sie knusprig und leicht goldbraun sind. Herausnehmen, auf Küchenpapier abtropfen lassen und mit dem Püree zusammen anrichten. Mit Kaiserschoten und verschiedenen Sprossen garniert servieren.

VEGANES GYROS IM BROT

MARINADE

2 Knoblauchzehen
1 EL grob gehackter Thymian
1 EL grob gehackter Rosmarin
1/2 TL gemahlener Kreuzkümmel
3 EL Tamari (kräftige Sojasauce)
1/2 TL süßes Paprikapulver
4 EL Pflanzenöl
Salz, schwarzer Pfeffer

GYROS

300 g Sojageschnetzeltes
500 ml Gemüsebrühe
50 g getrocknete Tomaten
2 EL Knoblauchöl
1 Zwiebel
50 g Kalamata-Oliven
Salz

Pitabrot, Zaziki (siehe Seite 75), Hummus
(siehe Seite 71) und Salat zum Servieren

ERGIBT 4 PORTIONEN

Für die Marinade den Knoblauch grob hacken und mit den restlichen Zutaten in der Küchenmaschine fein mixen.

Das Sojafleisch für 10–12 Minuten in heißer Gemüsebrühe einweichen, herausnehmen, abtropfen lassen und mit Küchenpapier trocken tupfen. Die getrockneten Tomaten 10 Minuten in etwas heißem Wasser einweichen. Die Zwiebel in Ringe schneiden und in einer Pfanne in heißem Knoblauchöl weich dünsten.

Das Sojafleisch mit der Marinade vermengen, kurz ziehen lassen, dann zur Zwiebel in die Pfanne geben, die Hitzezufuhr erhöhen und 4–5 Minuten kräftig anbraten.

Die getrockneten Tomaten aus dem Einweichsud nehmen, etwas trocken tupfen und mit den Oliven zum Sojafleisch geben. Weiterbraten, bis das Sojafleisch goldgelb ist. Mit Salz abschmecken.

Mit Pitabrot, Zaziki, Hummus und gemischtem Salat nach Geschmack servieren.

TOFUSPIESSE AUF VERMICELLI MIT PAK CHOI

1 l Gemüsebrühe
500 g Reisvermicelli
4 Baby-Pak-Choi (chinesischer Senfkohl)
500 g naturbelassener oder geräucherter Tofu
1 große Zwiebel
2 rote Paprika, entkernt und geviertelt
20 g unbehandelte Erdnüsse oder Cashewkerne
Sesamöl (alternativ Pflanzenöl) zum Braten

junge Mangoldblätter, schwarze Sesamsamen und rote Chilischoten in feinen Scheiben zum Garnieren

8 Holzspieße

ERGIBT 4 PORTIONEN

Die Holzspieße in Wasser einlegen, damit sie später nicht anbrennen. Die Gemüsebrühe zum Kochen bringen. Die Reisnudeln dazugeben und in max. 2–3 Minuten gar kochen. Abgießen, die Gemüsebrühe dabei auffangen, und beiseitestellen. Die Gemüsebrühe erneut aufkochen, den Baby-Pak-Choi zugeben und bei mittlerer Hitze 5 Minuten garen.

Für die Spieße den Tofu in mundgerechte Würfel schneiden. Die Zwiebel und die Paprika in etwa gleich große Stücke schneiden. Tofu, Zwiebeln und Paprika abwechselnd auf die Holzspieße stecken. Das Sesamöl in einer großen Pfanne erhitzen und die Tofuspieße darin langsam goldbraun braten. Aus der Pfanne nehmen, mit Alufolie abdecken und beiseitestellen.

Erneut etwas Sesamöl in der gleichen Pfanne erhitzen und die Erdnüsse bzw. die Cashewkerne darin goldbraun anbraten. Aus der Pfanne nehmen und beiseitestellen. Nochmals etwas Sesamöl in die Pfanne geben und die Vermicelli mit dem Pak Choi darin einige Minuten erwärmen.

Die Vermicelli auf Teller verteilen und den Pak Choi seitlich anlegen. Die Tofuspieße daraufgeben und mit den gerösteten Erdnüssen, den Mangoldblättern, den Sesamsamen und den Chiliringen garnieren.

TIPP: Nach Belieben Sojasauce zum Würzen dazureichen.

SPINATTORTELLINI

TORTELLINI
1 kleine Zwiebel
2 Knoblauchzehen
2 große braune Champignons
10 Shiitake
1 EL Olivenöl
je 1 TL getrocknetes Basilikum und Oregano
400 g junger Spinat
250 g fester asiatischer Tofu
2 EL Nährhefeflocken
80 g getrocknete Tomaten, fein gehackt
1 TL Chiliflocken
20–30 Wan-Tan-Teigblätter

SAUCE
400 g stückige Tomaten aus der Dose
2 Blutorangen
Salz, schwarzer Pfeffer

geröstete Pinienkerne und Sprossen
zum Garnieren

ERGIBT 4 PORTIONEN

Zwiebel, Knoblauchzehen und Pilze fein würfeln. Das Olivenöl in einer Pfanne erhitzen, Zwiebel und Knoblauch darin kurz anschwitzen. Die Pilze und die Kräuter dazugeben, die Pilze garen, vom Herd nehmen und beiseitestellen.

Den Spinat gut waschen, sehr gut abtropfen lassen. Im Mixer fein pürieren und mit den Pilzen vermengen. Den Tofu im Mixer zu einer körnigen Masse verarbeiten. Sie darf nicht zu cremig sein. Tofu und Nährhefe gut mit der Pilz-Spinat-Mischung, mit getrockneten Tomaten und Chili vermengen.

Zur Fertigstellung der Tortellini 1 Tasse kaltes Wasser bereithalten. Mit nassen Fingern die Ränder eines Wan-Tan-Teigblatts befeuchten. Etwa 1 Teelöffel der Füllung in die Mitte des Teigblatts geben. Die Hälfte des Teigs über die Füllung schlagen, sodass ein Dreieck entsteht. Vorsichtig die Luft herausstreichen und die Ränder fest zusammendrücken. Dann die beiden Ecken der langen Seite befeuchten, zur Tortellini biegen und die Ecken fest andrücken. Mit der restlichen Füllung ebenso verfahren, es sollten 20–30 Tortellini dabei hergestellt werden.

Vor dem Kochen für einige Stunden kalt stellen. Damit die Tortellini nicht ankleben, die Unterlage leicht bemehlen und die Tortellini mit Frischhaltefolie abdecken.

Die Tomaten in einem Topf erhitzen. Die Blutorangen auspressen und den Saft zu den kochenden Tomaten geben. Mit Salz und Pfeffer würzen und die Hitze reduzieren. Köcheln lassen, bis die Sauce eindickt.

In einem großen Topf reichlich Salzwasser zum Kochen bringen und die Tortellini darin 2–3 Minuten garen. Abgießen und abtropfen lassen. Die Tortellini in tiefen Tellern mit der Tomatensauce anrichten und mit Sprossen und gerösteten Pinienkernen garniert servieren.

TIPP: Die Farbstoffe des fein pürierten Spinats gehen ins Kochwasser über und färben die Tortellini so schön grün.

GELBES THAI-CURRY

750 ml Kokosmilch
1 EL gelbe Currypaste
1 TL Kurkuma
100 ml Gemüsebrühe
2 EL Tamari (kräftige Sojasauce)
1 Karotte
150 g geschälte Bambusherzen (aus dem Glas)
3 EL Pflanzenöl
200 g Tofu, gewürfelt
100 g Sojasprossen

gehackter Koriander und rote Chilischote in feinen Scheiben zum Garnieren
Jasminreis zum Servieren

ERGIBT 4 PORTIONEN

Kokosmilch erhitzen, die gelbe Currypaste einrühren und aufkochen lassen. Die Hitze reduzieren, Kurkuma und Brühe dazugeben und 5 Minuten sacht köcheln lassen. Die Sauce mit Tamari abschmecken und beiseitestellen.

Die Karotte schälen und in feine Streifen schneiden. Die Bambusherzen abtropfen lassen und ebenfalls in feine Streifen schneiden.

In einem Wok das Öl erhitzen. Tofu und Gemüse dazugeben und etwa 3–4 Minuten sanft braten. Die vorbereitete Sauce dazugeben und unter Rühren weitere 3–4 Minuten garen. Zum Schluss die Sojasprossen unterrühren und kurz mitgaren lassen. Sofort mit Jasminreis servieren. Nach Belieben mit Koriander und Chiliringen garnieren.

MUSSAMAN-CURRY MIT TOFU UND APRIKOSEN

120 g getrocknete Aprikosen
250 g fester oder geräucherter Tofu
10 Schalotten
200 g Kokospaste
2 EL vegane Mussamann-Currypaste
700 ml Mandelmilch
2 Knoblauchzehen
2 Lorbeerblätter
2 EL Palmzucker
2 EL helle Sojasauce
2 EL Tamarindenpüree
Salz

Duftreis zum Servieren

ERGIBT 4 PORTIONEN

Die getrockneten Aprikosen in warmem Wasser einweichen. Den Tofu und die Schalotten in dünne Streifen schneiden.

Die Kokos- und die Currypaste gemeinsam erhitzen. Dabei ständig rühren, damit die Pasten nicht am Topfboden anbrennen. Wenn sich Öl an der Oberfläche sammelt, weitere 3–4 Minuten sanft köcheln lassen, dann die Mandelmilch dazugießen. Aufkochen und ganze, geschälte Knoblauchzehen, Lorbeerblätter, Palmzucker, Sojasauce, Tamarindenpüree und Schalotten dazugeben.

Bei mittlerer Hitze unter Rühren weiterkochen, bis die Schalotten weich sind und das Curry eindickt. Dann den Tofu unterrühren und weitere 3–4 Minuten köcheln lassen. Mit thailändischem Duftreis servieren.

SPINAT-PILZ-CURRY

200 g gemischte Pilze
(z. B. weiße Champignons, Shiitake)
1 kg frischer Spinat
2 mittelgroße Zwiebeln
2 EL Rapsöl
1 EL Sambar (indische Gewürzmischung,
Rezept siehe unten)
200 ml Kokosmilch
Salz

Duftreis zum Servieren

ERGIBT 4 PORTIONEN

Die Pilze putzen und in dünne Scheiben schneiden. Den Spinat waschen, die Stängel entfernen. Die Zwiebeln in feine Ringe schneiden.

Das Öl in einem Topf erhitzen. Die Zwiebeln bei mittlerer Hitze leicht bräunen. Das Sambarpulver einrühren. Die Pilze dazugeben, einige Minuten andünsten. Den Spinat dazugeben und zusammenfallen lassen. 60 Milliliter Wasser angießen, unterrühren und einmal aufkochen. Die Hitze reduzieren und das Gemüse garen. Die Kokosmilch dazugeben, nochmals erhitzen, mit Salz abschmecken, kräftig umrühren und vom Herd nehmen. Sofort mit Reis servieren.

SAMBAR

5 EL Koriandersamen
5 getrocknete Chilischoten
1 EL Kreuzkümmelsamen
1 EL Senfkörner
2 TL schwarze Pfefferkörner
5 TL gelbe Spalterbsen
2 EL gemahlene Kurkuma
2 TL gemahlener Bockshornklee

Koriander, Chilis, Kreuzkümmel, Senfkörner und Pfeffer in einer Pfanne ohne Fett leicht rösten. Die Spalterbsen dazugeben und mitrösten, bis sie leicht Farbe annehmen. Pfanne vom Herd nehmen, Kurkuma und Bockshornklee dazugeben und leicht anwärmen. Alle Zutaten im Mörser zerstoßen und in einem luftdicht verschließbaren Gefäß aufbewahren.

PASTA VALENTINO

1 kleine Zwiebel
80 g Champignons
80 g geräucherter Tofu
8-12 Cocktailtomaten
500 g Penne
4 EL Pflanzenöl
100 g Artischockenherzen, geviertelt
250 ml Gemüsebrühe
200 ml Kokosmilch
250 ml Tomatensaft
1/2 Bd. glatte Petersilie, gehackt
2 EL Tamari (kräftige Sojasauce)
2 EL Nährhefeflocken
30 g geröstete Pinienkerne
Salz, schwarzer Pfeffer

veganer Parmesan (Rezept siehe unten) und
Basilikumblätter zum Servieren

ERGIBT 4 PORTIONEN

Zwiebel fein würfeln, Champignons in Scheiben, den Tofu in Streifen schneiden und die Tomaten halbieren. Die Penne in kochendem Salzwasser sehr bissfest garen.

Währenddessen das Öl in einer großen Pfanne erhitzen und die Zwiebeln darin andünsten. Tofu, Pilze, Artischockenherzen und Tomaten dazugeben, unterrühren und kurz mitbraten. Die Penne hineingeben und 3-4 Minuten unter Rühren mitdünsten.

Mit Gemüsebrühe, Kokosmilch und Tomatensaft ablöschen, die gehackte Petersilie unterrühren und mit Tamari abschmecken. Für weitere 5-6 Minuten garen lassen.

Zum Schluss die Nährhefe und die Pinienkerne unterrühren, noch einmal einige Minuten köcheln lassen und mit Salz und Pfeffer abschmecken.

Mit veganem Parmesan und Basilikum anrichten.

VEGANER PARMESAN: 25 Gramm Pinienkerne mit 25 Gramm Nährhefe fein mixen und mit Salz abschmecken.

AUBERGINENPICCATA

TOMATENSAUCE
2 Knoblauchzehen
2 EL Olivenöl
400 g stückige Tomaten aus der Dose
1 EL Chiliflocken
1 EL gehackter Rosmarin
1 Prise Zucker
Salz, schwarzer Pfeffer

POLENTA
1 EL vegane Margarine
1 Schalotte
250 ml Sojacreme
100 g Polenta
Salz, schwarzer Pfeffer

SPINAT
400 g junger Spinat
120 ml Weißwein
1 Knoblauchzehe
1 EL gehackte Haselnüsse

PICCATA
2 große Auberginen
90 g Kirchererbsenmehl
90 g Guarkernmehl
150 ml Sojamilch
Salz, schwarzer Pfeffer

Öl zum Frittieren
gebratene Zwiebeln und
Rosmarin zum Garnieren

ERGIBT 4 PORTIONEN

Für die Tomatensauce den Knoblauch in dünne Scheiben schneiden. Das Olivenöl in einer Pfanne erhitzen und den Knoblauch darin braun braten. Die restlichen Zutaten in die Pfanne geben und unter Rühren aufkochen. Mit Zucker, Salz und Pfeffer abschmecken und die Hitze stark reduzieren. Etwa 1 Stunde sanft köcheln lassen. Anschließend durch ein Sieb passieren und beiseitestellen.

Für die Polenta die Margarine in einem Topf zerlassen. Die Schalotte fein würfeln und in der Margarine glasig dünsten. Sojacreme, 200 Milliliter Wasser und 1 Prise Salz zugeben und aufkochen lassen. Anschließend die Hitze stark reduzieren und die Polenta gleichmäßig einrühren. Unter Rühren bei sehr niedriger Hitze köcheln lassen, bis die Polenta sich beim Umrühren vom Topfrand löst.

Die fertige Polenta etwa 2 Zentimeter hoch auf ein Backblech streichen und auskühlen lassen. Aus der kalten Polenta Kreise ausstechen und in einer Pfanne in etwas Olivenöl von beiden Seiten goldbraun braten.

Den Spinat waschen, etwas abtropfen lassen, in eine große Pfanne geben, zusammenfallen lassen und den Weißwein angießen. Den Knoblauch fein würfeln und zum Spinat geben. Einige Minuten köcheln lassen, dann vom Herd nehmen und die gehackten Haselnüsse unterheben.

Die Auberginen in dicke Scheiben schneiden. Die Scheiben salzen, auf einen Teller legen, mit einem zweiten Teller beschweren und 20 Minuten ziehen lassen. Die Scheiben kurz abspülen und beiseitestellen.

Die Mehle mit so viel Sojamilch vermischen, dass ein glatter Teig entsteht. Die Auberginenscheiben durch den Teig ziehen und in heißem Öl goldbraun ausbacken.

Etwas Tomatensauce auf den Teller geben, eine Polentascheibe, eine Auberginenscheibe und eine Schicht Spinat auflegen, darüber erneut eine Polentascheibe legen, mit einer Auberginenscheibe abschließen und mit Tomatensauce beträufeln. Nach Geschmack garnieren und sofort servieren.

BIRNENRISOTTO

600 ml Gemüsefond
2 EL Olivenöl
1 Schalotte, fein gehackt
400 g Arborio-Reis
2 reife Birnen, geschält und fein gewürfelt
100 ml trockener Weißwein
400 ml Birnensaft (alternativ naturtrüber Apfelsaft)
1 EL vegane Margarine
schwarzer Pfeffer

Birnenscheiben zum Garnieren

ERGIBT 4 PORTIONEN

Den Gemüsefond in einem Topf aufkochen. Die Hitze reduzieren und den Fond am Köcheln halten.

In einem großen Topf bei mittlerer Hitze das Olivenöl erhitzen. Die Schalotten zugeben und darin 1–2 Minuten goldbraun anschwitzen. Den Reis und die Hälfte der Birnenwürfel einrühren und gründlich mit Öl überziehen. Den Wein angießen und 2–3 Minuten köcheln lassen, bis der Reis die Flüssigkeit aufgenommen hat.

Eine Schöpfkelle des heißen Fonds zugeben und unter ständigem Rühren vom Reis absorbieren lassen. Die Hälfte des Birnensafts angießen, ebenfalls unter Rühren absorbieren lassen. Dann eine weitere Schöpfkelle Fond zugeben und unter Rühren aufnehmen lassen. Mit dem Fond so weiterverfahren, bis der Reis schön cremig ist (eventuell wird nicht der ganze Fond benötigt). Insgesamt etwa 15–20 Minuten sacht köcheln lassen. Die übrigen Birnen und den restlichen Birnensaft zugeben.

Den Topf vom Herd nehmen und 1 Minute ziehen lassen. Dann die Margarine einrühren und mit Pfeffer würzen. Nach Belieben mit Birnenscheiben garniert servieren.

TEMPEH MIT MANDELKRUSTE UND CRANBERRYSAUCE

PÜRÉE
500 g Kartoffeln
2 Porreestangen
2 EL vegane Margarine
120 ml Sojacreme
Salz, schwarzer Pfeffer

SAUCE
200 ml Rotwein
1 TL Rohrzucker
4 EL getrocknete Cranberrys

TEMPEH
4 Scheiben Toastbrot, grob gewürfelt
70 g getrocknete Tomaten
60 g gehobelte Mandeln
2 EL Olivenöl oder vegane Margarine
400 g Tempeh
1/2 l frisch gepresster Orangensaft
2–3 EL helle Sojasauce
2 EL Pflanzenöl
2 EL Tamari (kräftige Sojasauce)
2 EL Ketjap Manis
2 cm frischer Ingwer

Thymian und Cocktailtomaten
zum Servieren

ERGIBT 4 PORTIONEN

Die Kartoffeln schälen und vierteln, den Porree in 2 Zentimeter große Stücke schneiden. Separat in zwei Töpfen mit Wasser bedecken, aufkochen und in etwa 30 Minuten sehr weich garen. Abgießen und dabei etwas Kartoffelwasser auffangen. Die Kartoffeln durchpressen oder stampfen, den Lauch pürieren.

Die Margarine in einem Topf zerlassen und die gestampften Kartoffeln dazugeben. Langsam die Sojacreme unterrühren, bis das Püree cremig ist. Den pürierten Lauch unterheben, eventuell etwas Kochwasser zugeben, um die gewünschte Konsistenz zu erreichen. Mit Salz und Pfeffer abschmecken.

Für die Cranberrysauce den Rotwein und den Zucker in einem Topf erhitzen, den Zucker unter Rühren lösen, den Rotwein köcheln lassen, bis die Sauce schön eingedickt ist. Cranberrys zugeben und weitere 4-5 Minuten köcheln lassen.

Den Grill im Ofen vorheizen. Toastbrot, Tomaten, Mandeln und Olivenöl für die Kruste im Mixer zu einer dicken Masse verarbeiten, beiseitestellen. Das Tempeh in acht Steaks schneiden. Orangensaft und Sojasauce aufkochen, die Tempehsteaks dazugeben und 20 Minuten köcheln lassen. Herausnehmen, trocken tupfen und in Öl von beiden Seiten langsam braten. Tamari, Ketjap Manis und Ingwer dazugeben und die Steaks unter mehrmaligem Wenden glasieren. Mit einem Esslöffel auf die Hälfte der Steaks etwas von der beiseitegestellten Masse verteilen und im Ofen unter dem Grill goldbraun braten.

Zunächst etwas Püree auf jeden Teller geben, darauf ein Tempehsteak ohne Kruste legen, mit etwas Püree bestreichen und mit dem Steak mit Kruste abschließen. Mit der Cranberrysauce, Thymian und Cocktailtomaten garnieren und sofort servieren.

VEGANE SATAYSPIESSE

300 g veganes Hähnchenfilet
2 Zitronengrasstängel, grob gehackt
1 kleine Zwiebel, geviertelt
2 Knoblauchzehen, geschält
4-5 cm Ingwer oder Galangal, geschält
1 cm frische Kurkuma oder
1/2 TL Kurkumapulver
2 EL zerstoßene Koriandersamen
2 TL zerstoßene Kreuzkümmelsamen
3 EL dunkle Sojasauce
5 EL Rohrzucker
1 EL Limettensaft

8 Holzspieße

Erdnusssauce (Rezept siehe unten)
zum Servieren

ERGIBT 4 PORTIONEN

Die Holzspieße in Wasser einweichen, das verhindert ein späteres An-brennen.

Das vegane Hähnchenfilet in lange Streifen schneiden, sodass man sie gut auf die Spieße stecken kann. Das Fleisch in eine Schüssel geben. Die restlichen Zutaten in einen Mixer geben und fein pürieren. Die Mari-nade sollte süß, scharf und salzig zugleich schmecken, dabei sollten aber süß und salzig überwiegen. Vorsichtig weiter mit Zucker und Sojasauce nach Belieben abschmecken.

Die Marinade nun über das vegane Hähnchenfilet geben und alles gut vermischen. Für mindestens 1 Stunde marinieren lassen, am besten über Nacht. Anschließend die marinierten Streifen auf die Spieße stecken.

Die Spieße in einer Grillpfanne oder unter dem Grill im Backofen braten. Dabei die Spieße alle 2 Minuten wenden, bis sie gar sind.

TIPP: Lassen Sie an einem Ende des Spießes mehr Platz, sodass Sie beim Wenden und Abstreifen des gegarten Filets den Spieß gut halten können.

ERDNUSSSAUCE

150 g geröstete ungesalzene Erdnüsse
2 Knoblauchzehen, grob gehackt
1/2 TL dunkle Sojasauce
2 TL Sesamöl
2 EL brauner Zucker
2 EL helle Sojasauce
1/2 TL Tamarindenpaste oder
1/2 EL Limettensaft
1/2 TL Cayennepfeffer oder 1 TL Thai-chilisauce (nach Geschmack)
100 ml Kokosmilch

Sämtliche Zutaten mit 80 Millilitern Wasser im Mixer zu einer samtigen Sauce pürieren. Wenn die Sauce etwas flüssiger sein soll, mit Wasser oder Kokosmilch verdünnen. Nach Belieben abschmecken.

TIPP: Schmeckt auch als Dip für Gemüse oder Frühlingsrollen. Die Sauce dickt nach, wenn man sie ruhen lässt. Einfach mit ein wenig Wasser oder Kokosmilch wieder geschmeidig rühren. In einem geschlossenen Behälter kann die Sauce bis zu 2 Wochen im Kühlschrank aufbewahrt werden. Sie ist auch zum Einfrieren geeignet.

INDISCHES PALAK „PANEER"

200 g fester asiatischer oder
westlicher Tofu
3 Knoblauchzehen
3 EL Olivenöl
2 EL Currypulver
1 TL Kurkumapulver
1 EL zerstoßene Kreuzkümmelsamen
1/4 TL Ingwerpulver
300 ml Sojajoghurt
350 g junger Spinat

Jasminreis oder frisches Naan
zum Servieren

ERGIBT 4 PORTIONEN

Den Tofu gut ausdrücken und in etwa 1 Zentimeter große Würfel schneiden. Den Knoblauch fein würfeln. 2 Esslöffel des Olivenöls in einem Topf erhitzen und den Tofu darin leicht kross anbraten.

In einer separaten Pfanne oder einem Wok das restliche Olivenöl erhitzen und die Gewürze darin mit 2 Esslöffeln Wasser verrühren. Dann den Sojajoghurt unterrühren. Anschließend den Spinat in die Sauce einrühren und gut erhitzen. Die Pfanne vom Herd nehmen und mit dem Stabmixer pürieren. Den Tofu zur Spinatmischung geben und alles gut unterrühren.

Mit Jasminreis oder Naan servieren.

INDONESISCHES TOFU-RENDANG

400 g Kokospaste
2 große Zwiebeln
5 Knoblauchzehen
5 cm frischer Ingwer
1 TL zerstoßene Koriandersamen
1 TL zerstoßene Kreuzkümmelsamen
1 TL Kurkumapulver
4 EL scharfe vegane Currypaste
3–4 frische oder getrocknete Curryblätter
4 EL Tamarindenpaste
400 ml Kokosmilch
500 g geräucherter Tofu
1 TL helle Sojasauce

Korianderblätter und rote Chiliflocken
zum Garnieren
Reis zum Servieren

ERGIBT 4 PORTIONEN

Die Hälfte der Kokospaste in einem Wok erhitzen und einkochen lassen, bis die Paste ölig wird.

Die Zwiebeln fein würfeln, den geschälten Knoblauch mit der breiten Seite des Messers kräftig andrücken. Den Ingwer schälen und fein reiben. Den Knoblauch zur öligen Kokospaste geben und für einige Sekunden mitbraten. Dann die Zwiebeln zugeben und glasig dünsten. Die Gewürze einrühren und anschließend Ingwer, Currypaste und Curryblätter unterrühren.

Wenn die Aromen sich entfaltet haben, die Tamarindenpaste untermischen und die restliche Kokospaste und die Kokosmilch dazugeben. Den Tofu würfeln, hineingeben und alles gut umrühren. Mit der Sojasauce abschmecken. Die Hitze reduzieren und köcheln lassen, bis die Sauce eindickt. Am besten gelingt dies bei sehr geringer Hitze und bis zu 2 Stunden Kochzeit.

Mit frisch gehacktem Koriander und Chiliflocken garnieren und mit Reis servieren.

TIPP: Um das Gericht weniger gehaltvoll zu machen, kann man auch Gemüsebrühe statt Kokospaste verwenden.

SPAGHETTI MIT ALGEN ▷

160 g Queller (Passe-Pierre-Alge)
40 g getrocknete Wakame (Alge)
500 g Spaghetti
2 EL vegane Margarine
1 kleine Zwiebel, fein gehackt
3 Knoblauchzehen, fein gehackt
40 g getrocknete Tomaten, fein gehackt
1 EL fein geschnittenes Basilikum
2 EL Nährhefeflocken

Chilifäden zum Garnieren

ERGIBT 4 PORTIONEN

Queller und Wakame in einer Schüssel mit heißem Wasser übergießen und 10 Minuten zum Einweichen beiseitestellen. Anschließend gut abspülen und trocken tupfen.

Währenddessen die Spaghetti in sprudelnd kochendem Salzwasser bissfest garen. Abschütten und in einem geschlossenen Topf warm halten.

Die Margarine in einer großen Pfanne erhitzen, die Zwiebeln und den Knoblauch darin goldbraun anbraten. Tomaten, Wakame und Basilikum zugeben. Bei großer Hitze 3–4 Minuten braten, dann die Spaghetti unterheben. Wenn die Spaghetti sehr heiß sind, den Queller einrühren, die Nährhefe dazugeben und noch einmal 2 Minuten köcheln lassen. Sofort mit Chilifäden garniert servieren.

TAGLIATELLE MIT CREMIGER SPINATSAUCE

500 g Tagliatelle
500 g junger Spinat
1 Zwiebel, fein gehackt
2 Knoblauchzehen, fein gehackt
25 g vegane Margarine
1 EL Olivenöl
2 TL Maisstärke
300 ml Sojasahne
Salz, schwarzer Pfeffer, Muskat

ERGIBT 4 PORTIONEN

Die Nudeln nach Packungsanleitung garen. Den Spinat mit kaltem Wasser abspülen, tropfnass in einen großen Topf geben und ohne zusätzliches Wasser bei hoher Hitzezufuhr zusammenfallen lassen. Gut abtropfen lassen, dabei das Kochwasser auffangen und mit Wasser auf 150 Milliliter auffüllen.

Die Zwiebeln und den Knoblauch fein hacken. Die Margarine und das Olivenöl in einem Topf erhitzen und die Zwiebeln darin weich dünsten. Den Knoblauch dazugeben und einige Minuten mitdünsten. Die Stärke einrühren, das Spinatwasser angießen und die Sauce bei großer Hitze eindicken lassen.

Spinat und Sojasahne dazugeben, mit Salz, Pfeffer und Muskat abschmecken. Die Tagliatelle mit der Sauce im Topf vermischen und sofort servieren.

FARMERNUGGETS MIT KARTOFFELSALAT

KARTOFFELSALAT
1 kg festkochende Kartoffeln
1 kleine Zwiebel
200 g große Gewürzgurken
250 g vegane Mayonnaise (siehe Seite 75)
1 EL Dijonsenf
1/2 l Gemüsebrühe
2 EL gehackter Schnittlauch
Pflanzenöl zum Braten
Salz, schwarzer Pfeffer

FARMERNUGGETS
250 g Sojamedaillons
750 ml Gemüsebrühe
2 Knoblauchzehen
2 Thymianzweige
8 EL Tamari (kräftige Sojasauce)
1 TL edelsüßes Paprikapulver
schwarzer Pfeffer

Pflanzenöl zum Braten

ERGIBT 4 PORTIONEN

Die Kartoffeln ungeschält in kochendem Salzwasser in etwa 15 Minuten garen. Anschließend abgießen und auskühlen lassen.

Die Kartoffeln pellen, klein schneiden und in eine Schüssel geben. Die Zwiebel fein würfeln, in einer Pfanne in etwas Pflanzenöl andünsten und zu den Kartoffeln geben. Die Gewürzgurken ebenfalls würfeln und zu den Kartoffeln geben.

Für das Dressing die vegane Mayonnaise mit dem Senf, etwa der Hälfte der Gemüsebrühe und dem Schnittlauch verrühren und mit Salz und Pfeffer abschmecken. Anschließend über die Kartoffeln geben, vorsichtig unterheben und über Nacht kalt stellen. Vor dem Servieren wenn nötig noch einmal abschmecken und gegebenenfalls noch etwas Gemüsebrühe hinzufügen, um den Salat geschmeidiger zu machen.

Die trockenen Medaillons für 15 Minuten in der heißen Gemüsebrühe einweichen, anschließend kräftig ausdrücken.

Knoblauchzehen fein hacken. Die Blätter von den Thymianzweigen zupfen und zusammen mit dem Knoblauch und der Tamari verrühren. Mit Paprikapulver und Pfeffer abschmecken. Sollte die Marinade nicht ausreichen, etwas kaltes Wasser dazugeben und gegebenenfalls noch einmal abschmecken. Nun die abgetropften Medaillons in der Marinade einlegen und einige Minuten ziehen lassen.

Etwas Pflanzenöl in einer Pfanne erhitzen und die Medaillons darin anbraten, bis sie eine goldbraune Farbe angenommen haben. Zusammen mit dem Kartoffelsalat servieren.

THUNFISCHNOCKEN MIT WEISSWEINSAUCE

NOCKEN
600 g veganer Thunfisch
2 EL Maisstärke
350 ml Sojacreme
1 Zwiebel
2 l Gemüsebrühe
Salz, schwarzer Pfeffer, Muskat

WEISSWEINSAUCE
1 kleine Zwiebel
2 Knoblauchzehen
1 EL Olivenöl
250 ml Weißwein
250 ml Gemüsebrühe
2 EL vegane Margarine
2 EL Mehl
Salz, schwarzer Pfeffer

Reis zum Servieren

ERGIBT 4-5 PORTIONEN

Den Thunfisch für 30-60 Minuten ins Eisfach legen. Stärke mit etwas Sojacreme anrühren und für 30-60 Minuten im Kühlschrank kalt stellen. Die Zwiebel sehr fein würfeln.

Den Thunfisch in grobe Stücke schneiden und im Mixer zusammen mit der Zwiebel, der angerührten Stärke, der restlichen Sojacreme, Salz, Pfeffer und Muskat pürieren. Nicht zu lange mixen, damit die Masse für die Weiterverarbeitung nicht zu warm wird.

Die Gemüsebrühe zum Kochen bringen. Mit 2 Esslöffeln aus der Thunfischmasse Nocken abstechen und vorsichtig in die Brühe geben. Bei geringer Hitzezufuhr 10-12 Minuten garen lassen. Die Nocken mit einem Schaumlöffel aus der Brühe heben und abtropfen lassen.

Für die Weißweinsauce Zwiebel und Knoblauch fein hacken. In einer Pfanne das Olivenöl erhitzen und bei mittlerer Hitze die Zwiebeln und den Knoblauch darin glasig dünsten. Mit Weißwein ablöschen und mit Gemüsebrühe auffüllen. Aufkochen, die Hitze wieder reduzieren und 10 Minuten leise köcheln lassen.

Die Margarine und das Mehl miteinander verrühren, in die Sauce geben, auflösen und unter Rühren eindicken lassen. Wird sie zu dick, noch etwas Gemüsebrühe dazugeben, bis die gewünschte Konsistenz erreicht ist. Mit Salz und Pfeffer abschmecken.

Die Thunfischnocken auf Tellern anrichten und mit etwas Weißweinsauce begießen. Dazu schmeckt Reis.

THUNFISCH IM BANANENBLATT

1 Schalotte
2 Knoblauchzehen
1/2 Bd. Koriander
2 EL Tamari (kräftige Sojasauce)
2 EL geriebener Ingwer oder Galangal
5 EL Limettensaft
200 ml Kokosmilch
400 g veganer Thunfisch
2 Limetten
1 großes Bananenblatt

Duftreis zum Servieren

ERGIBT 4 PORTIONEN

Schalotte und Knoblauch grob würfeln, den Koriander von den Stängeln zupfen und in einem Mixer mit der Tamari, dem Ingwer, dem Limettensaft und der Kokosmilch zu einer glatten Marinade verarbeiten. Davon 5 Esslöffel beiseitestellen. Den Thunfisch in der restlichen Marinade für 2 Stunden im Kühlschrank marinieren.

Den Backofen auf 180 °C vorheizen. Die Limetten in dünne Scheiben schneiden. Den marinierten Thunfisch auf das Bananenblatt legen und mit den Limettenscheiben belegen. Gut einwickeln und im Ofen für 5–6 Minuten backen.

Vor dem Servieren das Bananenblatt öffnen und den Thunfisch mit der restlichen Marinade beträufeln. Dazu passt Duftreis.

TIPP: Als besondere Verfeinerung noch ein paar Kapern oder geschälte und geröstete Mandeln zum Thunfisch in das Bananenblatt wickeln.

ANANASSCHIFFCHEN

200 g Reis
3 EL Pflanzenöl
1 süße Ananas
2 EL Tamari (kräftige Sojasauce)
2 TL Currypulver
1 Karotte
200 g Pilze
2 Schalotten, fein gewürfelt
3 Knoblauchzehen, fein gehackt
3-4 EL Gemüsefond
80 g grüne Erbsen
60 g ungesalzene Cashewkerne, gehackt

ERGIBT 2 PORTIONEN

Den Reis nach Packungsangabe gar kochen und zum Abkühlen beiseitestellen. Etwa 1 Esslöffel des Öls mit dem Reis vermengen. Mit den Fingern auflockern und zusammenklebende Stücke zerpflücken.

Die Ananas inklusive der grünen Blätter längs halbieren. Die Hälften mithilfe eines Messers und eines Löffels aushöhlen und den harten Strunk entfernen. Das Fruchtfleisch in mundgerechte Stücke schneiden und in einer kleinen Schüssel beiseitestellen.

Tamari mit dem Currypulver in einer Tasse verquirlen und ebenfalls beiseitestellen. Die Karotte schälen, halbieren und in feine Scheiben schneiden, die Pilze säubern und ebenfalls in feine Scheiben schneiden.

Etwa 1-2 Esslöffel Öl in einem Wok oder einer großen Pfanne bei mittlerer Hitze heiß werden lassen. Schalotten, Knoblauch, Karotten und Pilze darin 2-3 Minuten anbraten. Sobald die Pfanne trocken wird, etwas Gemüsefond zugeben.

Den Reis, das Ananasfruchtfleisch, die Erbsen und die Cashewkerne zugeben und die Tamari-Curry-Mischung darüberträufeln. Alles gut miteinander vermengen und etwa 3 Minuten unter Rühren sanft köcheln lassen.

Den Wok vom Herd nehmen. Mit Salz und Tamari abschmecken, in die Ananasschiffchen füllen und servieren.

TIPP: Dieses Reisgericht lässt sich vielseitig abwandeln, zum Beispiel mit Chilischoten, Rosinen, Frühlingszwiebeln oder fein gehacktem Koriander.

UNGARISCHES GULASCH

200 g Sojageschnetzeltes
1/2 l Gemüsebrühe
1 Karotte
1 rote Paprika
2 Zwiebeln
2 EL Pflanzenöl
15 g Gulaschgewürz oder Gulaschcreme
2 EL veganer Bratensauce-Mix
2 Knoblauchzehen
2 EL Tomatenmark
125 ml Sojacreme
1 TL Speisestärke
Salz, schwarzer Pfeffer

ERGIBT 4 PORTIONEN

Das Sojafleisch für 8 Minuten in heißer Gemüsebrühe einweichen. Anschließend kräftig ausdrücken und mit Salz und Pfeffer würzen.

Karotte und Paprika in feine Würfel schneiden, Zwiebeln grob würfeln. Öl in einer Pfanne erhitzen und die Sojafleischwürfel zusammen mit den Gemüsewürfeln scharf darin anbraten. Mit Gulaschgewürz oder Gulaschcreme würzen und das Bratensaucenpulver darüberstreuen. Die Hitze reduzieren und 15 Minuten schmoren lassen.

Den Knoblauch fein würfeln und mit dem Tomatenmark in die Pfanne geben, kurz mit anbraten. Mit der Gemüsebrühe ablöschen und weitere 40 Minuten köcheln lassen. Abschmecken und mit der Sojacreme verfeinern und einige Minuten köcheln lassen. Vor dem Servieren eventuell noch mit etwas Stärke abbinden.

GULASCH *LA MANO VERDE*

300 g Sojageschnetzeltes
1 l Gemüsebrühe
3 Zwiebeln
15 Kumquats
2 Karotten
15–20 Salbeiblätter
6–8 Gewürznelken (nach Geschmack)
je 1 TL schwarze und weiße Pfefferkörner
1 TL Koriandersamen
je 50 g vegane Margarine und Pflanzenöl
80 g Rosinen
2 EL Tomatenmark
10 EL Balsamico
750 ml trockener Rotwein
3 EL veganer Bratensauce-Mix
4 Lorbeerblätter
2 Bd. Frühlingszwiebeln
80 g Pinienkerne, geröstet

ERGIBT 6 PORTIONEN

Das Sojafleisch für 8 Minuten in heißer Gemüsebrühe einweichen, anschließend kräftig ausdrücken und mit Salz und Pfeffer würzen.

Zwiebeln fein hacken, Kumquats heiß abwaschen und in feine Scheiben schneiden. Die Karotten schälen und fein würfeln. Den Salbei ganz fein hacken, die Gewürze im Mörser mahlen und gut miteinander vermengen.

Margarine und Öl zusammen in einem Schmortopf erhitzen und das Sojafleisch rundum darin anbraten. Zwiebeln, Karotten, Rosinen und Kumquats dazugeben und kräftig andünsten. Das Tomatenmark und die Gewürzmischung unterrühren. Mit Balsamico und der Hälfte des Rotweins ablöschen, die Flüssigkeit gut einkochen lassen. Den restlichen Rotwein dazugeben und auf etwa die Hälfte einkochen lassen. Gemüsebrühe, Bratensauce-Mix und Lorbeer dazugeben und im geschlossenen Topf bei milder Hitze etwa 2 1/2 Stunden sanft köcheln lassen.

Frühlingszwiebeln schräg in 2–3 Zentimeter lange Stücke schneiden, kurz vor Ende der Garzeit unter das Gulasch rühren und einige Minuten mitköcheln lassen. Pinienkerne zum Gulasch servieren.

SOJAGESCHNETZELTES MIT KARTOFFELRÖSTI

KARTOFFELRÖSTI
1 kg Kartoffeln
2 Zwiebeln
50 ml Pflanzenöl
Salz, schwarzer Pfeffer

GESCHNETZELTES
150 g Sojageschnetzeltes
200 ml Gemüsebrühe
2 EL vegane Margarine
1 Zwiebel
250 g Champignons
250 ml Weißwein
1 EL Mehl
200 ml Sojasahne
Salz, schwarzer Pfeffer

Kerbel zum Garnieren

ERGIBT 4 PORTIONEN

Für die Rösti die Kartoffeln mit der Schale am Vortag kochen und über Nacht im Kühlschrank auskühlen lassen. Am nächsten Tag die Kartoffeln pellen und grob raspeln. Die Zwiebeln fein würfeln, mit den Kartoffeln vermengen und mit Salz und Pfeffer würzen. In einer Pfanne das Pflanzenöl erhitzen und die Rösti darin goldbraun und knusprig braten.

Das Sojageschnetzelte etwa 10 Minuten in Gemüsebrühe einweichen, dann kräftig ausdrücken und mit Küchenpapier trocken tupfen. Die Margarine in einer heißen Pfanne zerlassen, das Sojageschnetzelte darin anbraten, mit Salz und Pfeffer würzen.

Die Zwiebel fein würfeln, die Champignons in Scheiben schneiden und zum Geschnetzelten geben, die Hitze reduzieren und einige Minuten mitbraten. Den Weißwein angießen und 10 Minuten sanft köcheln lassen.

Das Mehl mit einigen Esslöffeln Sojasahne klumpenfrei verrühren und unter ständigem Rühren in die Pfanne geben. Alles kurz aufkochen, die restliche Sojasahne unterrühren, erneut aufkochen, vom Herd nehmen, mit Salz und Pfeffer abschmecken und mit Kerbel garniert servieren.

SPAGHETTI BOLOGNESE

250 g Sojagranulat oder sehr fein
gewürfeltes Sojageschnetzeltes
2 Karotten
2 Zwiebeln
1 Stück Knollensellerie
(etwa 2 Zentimeter breit)
2 EL Olivenöl
1 Knoblauchzehe
100 g Tomatenmark
250 g passierte Tomaten
1 Thymianzweig
500 g Spaghetti
1/2 TL edelsüßes Paprikapulver
1 EL Nährhefeflocken
Salz, schwarzer Pfeffer

Thymian zum Garnieren

ERGIBT 4 PORTIONEN

Sojagranulat oder -geschnetzeltes in eine Schüssel geben, mit kochendem Wasser übergießen und 10 Minuten ziehen lassen. Karotten, Zwiebeln und Sellerie schälen und sehr fein würfeln.

Olivenöl in einer Pfanne erhitzen, das Gemüse hinzufügen und zugedeckt bei mittlerer Hitze 5–7 Minuten weich dünsten. Das Sojafleisch abgießen, mit Küchenpapier trocken tupfen, in die Pfanne geben und kross anbraten. Den Knoblauch fein hacken und dazugeben. Das Tomatenmark unterrühren und kurz mitbraten. Die passierten Tomaten angießen und unter Rühren aufkochen lassen. Die Hitze reduzieren, den Thymianzweig in die Sauce geben und sanft köcheln lassen.

Die Spaghetti nach Packungsanweisung bissfest garen. Die Sauce mit Paprika, Hefe, Salz und Pfeffer pikant abschmecken. Die Nudeln auf Teller verteilen und die Bolognese darübergeben. Nach Belieben noch etwas veganen Parmesan (siehe Seite 92) darüberstreuen und mit Tymian garniert servieren.

ZUCCHINI-TOMATEN-LASAGNE MIT BASILIKUMPESTO

CASHEWCREME
300 g Cashewkerne
2 EL Zitronensaft
2 EL Nährhefeflocken
1 TL Meersalz

TOMATENSAUCE
200 g getrocknete Tomaten
4 kleine Zwiebeln
1 mittelgroße reife Tomate
2 EL Zitronensaft
2 EL Olivenöl extra vergine
4 TL Agavendicksaft
2 TL Meersalz
1 Prise Chiliflocken

PESTO
1 Bd. Basilikum
200 g Walnüsse
6 EL Olivenöl
Meersalz, schwarzer Pfeffer

LASAGNE
2 mittelgroße Zucchini
3 mittelgroße Tomaten
2 EL Olivenöl
1 EL gehackter Oregano
1 EL gehackter Thymian

Basilikumblätter zum Garnieren

ERGIBT 4-5 PORTIONEN

Die Cashewkerne mindestens 1 Stunde in etwas Wasser einweichen. Abgießen, das Wasser auffangen, und mit Zitronensaft, Hefe und Salz im Mixer grob pürieren. Nach und nach etwa 6 Esslöffel des Einweichwassers hinzugeben und so lange mixen, bis die Masse die Konsistenz von Ricotta hat. In einer Schüssel mit Folie bedeckt beiseitestellen.

Die getrockneten Tomaten mindestens 2 Stunden in Wasser einweichen. Die Zwiebeln und die Tomaten würfeln. Die getrockneten Tomaten abgießen und grob zerschneiden. In einem Mixer alle Zutaten zu einer cremigen Sauce verarbeiten.

Für das Pesto die Basilikumblätter von den Stängeln zupfen und mit den restlichen Zutaten in einem Mixer zu einem cremigen Pesto verarbeiten.

Die Zucchini längs in dünne Scheiben schneiden. Die Tomaten in dünne Scheiben schneiden. Den Boden einer Form mit zwei Lagen Zucchinischeiben auslegen und leicht mit Öl einpinseln. Erst etwas Tomatensauce, dann etwas Cashewcreme und Basilikumpesto daraufgeben. Mit Tomatenscheiben belegen, die gemischten Kräuter darüberstreuen. Mit einer weiteren Schicht Zucchinischeiben belegen und nach diesem Muster weiterverfahren, bis die Zutaten aufgebraucht sind. Mit Basilikumblättern garnieren und sofort servieren.

INDONESISCHE NUDELN MIT ERDNUSSSAUCE

1 rote Paprika
1 rote oder grüne Chilischote
3 große Knoblauchzehen
8-10 Frühlingszwiebeln
1 Brokkoli
400 g Reisvermicelli
2 EL Erdnussöl
2 EL frisch geriebener Ingwer
150 g stückige Erdnussbutter
6 EL Ketjap Manis
4 EL Limettensaft
6 EL Sojasauce
2 EL brauner Zucker
4 EL gehackte Thaibasilikumblätter

ERGIBT 4 PORTIONEN

Die Paprika und die Chilischote halbieren, entkernen und fein würfeln. Den Knoblauch fein hacken, die Frühlingszwiebeln in feine Ringe schneiden. Den Brokkoli in Röschen teilen und in kochendem Salzwasser blanchieren.

In einem großen Topf Wasser zum Kochen bringen und die Reisvermicelli in 3-5 Minuten bissfest garen. Dann abgießen und beiseitestellen.

Das Erdnussöl in einer Pfanne oder einem Wok erhitzen, Paprika, Knoblauch und Ingwer darin anbraten. Die Erdnussbutter, Ketjap Manis, Limettensaft, Sojasauce, Zucker und 120 Milliliter heißes Wasser unterrühren. Die Hitze reduzieren und die Sauce unter Rühren leicht köcheln lassen. Wenn die Sauce eingedickt ist, die Pfanne vom Herd nehmen und die Frühlingszwiebeln und das Thaibasilikum unterrühren.

Die Nudeln auf Tellern verteilen und mit Erdnusssauce begießen. Jeweils einige Brokkoliröschen darauf verteilen und sofort servieren.

CANNELLONI NON FORNO

2 große Zucchini
4 EL kaltgepresstes Olivenöl
Saft von 2 Zitronen
170 g Cashewkerne
70 g getrocknete Tomaten
85 g Pistazien (oder Pinienkerne)
1 Handvoll Basilikum
2 gelbe Paprika
Salz, schwarzer Pfeffer

Sprossen zum Garnieren

ERGIBT 4 PORTIONEN

Die Zucchini längs in dünne Streifen schneiden. Eine Marinade aus 3 Esslöffeln Olivenöl, etwas Zitronensaft, Salz und Pfeffer herstellen und die Zucchinischeiben darin einlegen. Für 1 Stunde kalt stellen.

Die Cashewkerne für 1 Stunde in Wasser einweichen, abgießen und abtropfen lassen. Die Hälfte mit den getrockneten Tomaten und 2 Esslöffeln des Zitronensafts, Salz und Pfeffer vermengen. Mit dem Pürierstab oder im Mixer zu einer Creme verarbeiten. Die andere Hälfte der Cashewkerne mit den Pistazien, den Basilikumblättern, Salz und Pfeffer ebenfalls zu einer Creme verarbeiten.

Die gelbe Paprika entkernen, die weißen Trennwände entfernen und mit 1 Esslöffel Zitronensaft, 1 Esslöffel Olivenöl, Salz und Pfeffer pürieren.

Je 3 Zucchinistreifen zu einer Fläche auslegen. Zunächst mit dem Cashew-Tomaten-Mix und dann mit dem Cashew-Basilikum-Mix bestreichen. Die Zucchinistreifen zu Cannelloni aufrollen und auf einem Spiegel Paprikasauce anrichten. Mit Sprossen garnieren und sofort servieren.

RISOTTOKÜCHLEIN

1 kleine Zwiebel
2 Frühlingszwiebeln
1 EL vegane Margarine
1 EL Olivenöl
400 g Risottoreis (z. B. Arborio)
2 EL Mais
100 ml Weißwein
1 l heiße Gemüsebrühe
300 g neue Kartoffeln
2 EL Olivenöl
2 EL Senfkörner
1 Knoblauchzehe, grob gehackt
Salz, schwarzer Pfeffer

frischer Thymian und Salat zum Servieren

ERGIBT 4 PORTIONEN

Die Zwiebel und die Frühlingszwiebeln fein würfeln. Margarine und Olivenöl in einem Topf erhitzen und die Zwiebeln darin 3–4 Minuten anschwitzen. Den Reis unterrühren, bis er komplett mit Öl überzogen ist. Den Mais dazugeben und mit dem Weißwein ablöschen. Etwas köcheln lassen, eine Schöpfkelle der Gemüsebrühe dazugeben und den Reis die Flüssigkeit absorbieren lassen. Dabei regelmäßig rühren. Mit der restlichen Brühe nach und nach ebenso verfahren. Der Risottoreis sollte cremig, aber in der Mitte noch bissfest sein. Mit Salz und Pfeffer würzen, beiseitestellen und 2 Stunden abkühlen lassen.

Den Backofen auf 160 °C vorheizen. Die neuen Kartoffeln halbieren und mit der Schnittseite nach oben auf ein Backblech legen. Olivenöl, Senfkörnern und Knoblauch verrühren und die Schnittseiten der Kartoffeln damit bestreichen. Im Ofen 20 Minuten backen.

In der Zwischenzeit aus dem Risottoreis kleine Küchlein formen und 5 Minuten vor Ende der Garzeit zu den Kartoffeln aufs Backblech geben. Mit frischem Thymian und Salat servieren.

GLASIERTE TEMPEH-SPIESSE

400 g Fenchel oder Pak Choi
2 EL Olivenöl
geriebene Schale von 1 Zitrone
400 g Tempeh
2 Schalotten
2 cm frischer Ingwer
1 EL Tamari (kräftige Sojasauce)
2 EL Ketchup
240 ml Apfel- oder Orangensaft
Meersalz

8-12 Holzspieße

ERGIBT 4 PORTIONEN

Den Backofen auf 200 °C vorheizen. Den Fenchel in dünne Scheiben schneiden. Olivenöl, Zitronenschale und Meersalz vermischen, die Fenchelscheiben darin wenden und anschließend auf ein mit Backpapier ausgelegtes Backblech geben. Im Ofen 35 Minuten schmoren.

Tempeh in große Würfel schneiden und auf ein mit Backpapier ausgelegtes Backblech legen. Die Schalotten in Ringe schneiden, den Ingwer fein reiben. Tamari, Ketchup, Apfelsaft, Ingwer und Schalotten zu einer Marinade verrühren und die Tempehwürfel damit bestreichen. Die übrige Marinade beiseitestellen.

Die Holzspieße 20 Minuten in kaltes Wasser legen, damit sie nicht anrennen. Die Temperatur im Backofen auf 150 °C reduzieren, das Tempeh im Ofen 20 Minuten backen, aus dem Ofen nehmen und abkühlen lassen.

Jeweils 5-6 Tempehwürfel auf einen Spieß stecken. Das Olivenöl in einer Pfanne erhitzen und die Spieße darin goldbraun braten. Mit einem Löffel immer wieder etwas Marinade auf die Spieße geben und sie so langsam glasieren. Zusammen mit dem geschmorten Fenchel servieren.

KARTOFFELGRATIN MIT PFIFFERLINGEN UND SELLERIE

1/2 Sellerieknolle
10 mittelgroße Kartoffeln
2 Porreestangen, nur der weiße Teil
1 Knoblauchzehe
150 g Pfifferlinge
150 g Cashewkerne
2 EL Olivenöl
1 TL geriebener Muskat
1 EL gehackter Thymian
500 ml leichte Gemüsebrühe
40 g Semmelbrösel
1 EL gehackte glatte Petersilie
1 EL Trüffelöl

ERGIBT 4 PORTIONEN

Sellerie und Kartoffeln schälen, in dünne Scheiben schneiden und in einem großen Topf mit Salzwasser 3–5 Minuten blanchieren. Abgießen und beiseitestellen. Porree in dünne Scheiben schneiden, Knoblauch fein hacken. Pfifferlinge putzen, große Pilze halbieren. Die Cashewkerne für ca. 1 Stunde in warmem Wasser einweichen. Anschließend mit etwas Einweichwasser im Mixer zu einer Creme pürieren.

In einer großen Pfanne das Olivenöl erhitzen. Bei mittlerer Hitze Porree und Knoblauch darin glasig dünsten. Muskat und Thymian dazugeben und 1 Minute mitdünsten. Sellerie, Kartoffeln und Pfifferlinge ebenfalls in die Pfanne geben, sanft unterrühren. Mit der Cashewcreme und der Gemüsebrühe auffüllen und bei geringer Hitze etwa 10 Minuten köcheln lassen.

Den Backofen auf 200 °C vorheizen. Die Mischung aus der Pfanne in eine Gratinform geben und mit Semmelbrösel bestreuen. Im Ofen 20–30 Minuten backen, bis die Kartoffeln weich sind. Zum Servieren mit gehackter Petersilie und Trüffelöl verfeinern.

SPANAKOPITA MIT VEGANEM MOZZARELLA

1 1/2 kg frischer Spinat
6 Frühlingszwiebeln
3 Knoblauchzehen
1 Bd. Dill
120 ml Olivenöl
400 g fester Tofu
80 ml Zitronensaft
2 TL gehackter Oregano
1 Prise frisch geriebene Muskatnuss
60 g gemahlene Walnüsse
2 EL Nährhefeflocken
500 g Filoteig
100 g geriebener veganer Mozzarella
Salz, schwarzer Pfeffer

ERGIBT 4-5 PORTIONEN

Den Backofen auf 200 °C vorheizen. Den frischen Spinat gründlich waschen, die Stängel entfernen. Die Frühlingszwiebeln in feine Ringe schneiden, den Knoblauch und den Dill fein hacken.

2 Esslöffel des Olivenöls in einem großen Topf erhitzen. Spinat, Frühlingszwiebeln, Knoblauch und Dill dazugeben. Den Spinat zusammenfallen und unter Rühren etwas einkochen lassen. Vom Herd nehmen.

Den Tofu auspressen und in einer Schüssel zermusen. Spinatmischung, Zitronensaft, Oregano, Muskat, Walnüsse, 60 Milliliter des Olivenöls und Hefe dazugeben. Alles gut miteinander vermengen und mit Salz und Pfeffer abschmecken.

Ein großes Filoteigblatt in einer Backform überlappend auslegen. Mit etwas Öl bepinseln und eine zweite Lage darüberlegen. Den Vorgang wiederholen bis acht Lagen übereinanderliegen. Die Hälfte der Spinatmischung einfüllen und die Hälfte des Mozzarellas darübergeben. Erneut wie oben beschrieben acht Lagen Filoteig darüberschichten, die restliche Spinatmischung und den Mozzarella darauf verteilen. Zum Abschluss weitere acht Blätter wie beschrieben schichten. Mit Öl einpinseln und den überschüssigen Teig einklappen oder abschneiden.

Im Ofen für 35–40 Minuten backen, bis die Pastete goldbraun ist. Sofort portionieren und heiß servieren.

KOKOS-CURRY MIT ROTER BETE

150 g Sojageschnetzeltes
200 ml Gemüsebrühe
2 mittelgroße Rote-Bete-Knollen
1 rote Chilischote oder 1 TL Chilipulver
1 TL zerstoßene Kreuzkümmelsamen
1/4 TL Kurkumapulver
1 EL Tamarindensaft
400 ml Kokosmilch
1 EL Pflanzenöl
1/2 EL Senfkörner
4 kleine rote Schalotten, fein gehackt
250 g Champignons, gehackt
100 g grüne Bohnen
2–3 Kaffirlimettenblätter
Salz, schwarzer Pfeffer

Dill zum Garnieren
frittierter Reis, Spätzle oder Stampfkartoffeln zum Servieren

ERGIBT 4 PORTIONEN

Das Sojageschnetzelte etwa 10 Minuten in Gemüsebrühe einweichen, abgießen und trocken tupfen.

Rote-Bete-Knollen in einem Topf mit etwas Wasser in 20 Minuten sehr bissfest garen. Abkühlen lassen, schälen und in 1 Zentimeter große Würfel schneiden. Chilischote, Kreuzkümmelsamen und Kurkumapulver in einem Mixer oder Mörser fein mahlen, den Tamarindensaft dazugeben und zu einer groben Paste verarbeiten. Die Mischung mit den Rote-Bete-Würfeln und der Kokosmilch vermischen, in einen Topf geben, aufkochen und 5 Minuten köcheln lassen.

Das Sojageschnetzelte kräftig ausdrücken und mit Küchenpapier trocken tupfen. Das Öl in einer Pfanne erhitzen und die Senfkörner darin 10 Sekunden anbraten. Das Sojageschnetzelte zugeben und von allen Seiten mitbraten, mit Salz und Pfeffer würzen. Die Schalotten, die Champignons, die Bohnen und die Kaffirlimettenblätter ebenfalls kurz mitbraten, die Rote-Bete-Kokos-Mischung angießen.

Etwa 5–10 Minuten köcheln lassen, bis das Curry die gewünschte Konsistenz erreicht hat, dabei ab und zu umrühren. Mit Salz und Pfeffer abschmecken und mit Dill garnieren. Dazu Reis, Spätzle oder Stampfkartoffeln servieren.

SPINAT-AUBERGINEN-KICHERERBSEN-CURRY

1 kg frischer Spinat
2 Zwiebeln
2 Knoblauchzehen
250 g Kichererbsen aus der Dose
2 rote Chilischoten
1 große Aubergine (ca. 400 g)
4 EL Olivenöl
1 EL Currypulver
400 g stückige Tomaten aus der Dose
4 EL Natursojajoghurt
Salz, schwarzer Pfeffer

Basmatireis zum Servieren

ERGIBT 4 PORTIONEN

Spinat gut waschen und in reichlich kochendem Salzwasser 2–3 Minuten blanchieren. Anschließend abgießen und unter kaltem Wasser abspülen. Abtropfen lassen, gut auspressen und im Mixer pürieren.

Zwiebeln und Knoblauch fein würfeln. Die Kichererbsen abgießen und gut spülen. Die Chilischoten halbieren und in feine Ringe schneiden. Die Aubergine in Scheiben schneiden. In einer großen Pfanne die Hälfte des Olivenöls erhitzen, Zwiebeln, Knoblauch, Kichererbsen, Chilis und Currypulver darin bei mittlerer Hitze 5–6 Minuten garen. Das restliche Olivenöl zugeben und die Auberginenscheiben unterheben. Unter Rühren 10–12 Minuten köcheln lassen, bis die Aubergine Farbe angenommen hat.

Nun die Tomaten dazugeben und mit Salz und Pfeffer kräftig würzen. Zugedeckt bei niedriger Hitze weitere 12–15 Minuten garen, bis die Aubergine weich ist. Das Spinatpüree unterheben und noch einmal 2 Minuten erhitzen. Zum Anrichten jeweils 1 Esslöffel Natursojajoghurt auf das Curry geben und mit Basmatireis servieren.

VEGANES MOUSSAKA

2 Zwiebeln
2 Karotten
2 EL Olivenöl
750 ml Gemüsebrühe
150–200 g fester Tofu
250 g gekochte Belugalinsen
4 EL trockener Rotwein
50 g Tomatenmark
200 ml Sojacreme
4 TL Nährhefeflocken
150 g Seidentofu
2 große Auberginen
Salz

ERGIBT 4 PORTIONEN

Zwiebeln und Karotten fein würfeln, in Olivenöl anschwitzen, die Gemüsebrühe angießen und darin weich garen. Den Tofu würfeln und mit dem Rotwein dazugeben, 5 Minuten köcheln lassen. Die Belugalinsen und das Tomatenmark unterrühren, die Hitze reduzieren und 20–25 Minuten sanft köcheln lassen. Mit Salz abschmecken.

Den Backofen auf 200 °C vorheizen. Die Sojacreme in einer Schüssel mit den Hefeflocken und dem Tofu zu einer cremigen Sauce verquirlen. Die Auberginen in 1/2 Zentimeter dicke Scheiben schneiden. Den Boden einer großen Auflaufform mit etwas Sauce gerade bedecken, eine Schicht Auberginenscheiben daraufgeben und abwechselnd Sauce und Auberginen schichten. Als letze Schicht die Sojacrememischung aufstreichen und im Ofen 1 Stunde garen.

SOBA-NUDELN MIT SHIITAKE UND CASHEWKERNEN

100 ml Wasser
100 ml Tamari (kräftige Sojasauce)
1 EL Ketchup
1 1/2 TL Rohzucker
3 EL Sesamsamen
60 ml Pflanzenöl
2 EL fein gewürfelter Ingwer
1 EL fein gewürfelter Knoblauch
300 g Shiitake
400 g Soba-Nudeln
100 g Cashewkerne
Baby-Spinat und Avocadostücke zum Garnieren

ERGIBT 4 PORTIONEN

Wasser, Tamari, Ketchup und Zucker vermengen, bis der Zucker sich gelöst hat. Sesamsamen ohne Zugabe von Öl in einer unbeschichteten Pfanne vorsichtig goldbraun rösten und in einer Schüssel abkühlen lassen.

Das Öl in einer großen Pfanne erhitzen, Ingwer und Knoblauch darin anschwitzen, bis die Aromen sich entfalten. Ganze Shiitake dazugeben, in etwa 5 Minuten schön braun und weich braten. Die Hitzezufuhr verringern und die Cashewkerne (1 Esslöffel zum Anrichten beiseitestellen) dazugeben und unter gelegentlichem Rühren einige Minuten mitdünsten.

Die Soba-Nudeln nach Packungsangaben in gesalzenem Wasser garen. Abgießen und mit kaltem Wasser abspülen, abtropfen lassen und mit der Tamarisauce und den Sesamsamen vermengen. Cashewkerne unterrühren, mit den Shiitake, etwas Baby-Spinat und Avocadostücken anrichten. Die beiseitegestellten Cashewkerne dazugeben und sofort servieren.

GNOCCHI MIT TOMATENSAUCE

1 kleine Selleriestange
1 kleine Karotte, geschält
1 kleine Zwiebel
1 Knoblauchzehe
450 g Tomaten, grob gewürfelt
1/2 Bd. glatte Petersilie, fein gehackt
1 Handvoll Basilikum, fein gehackt
2 TL Olivenöl
2 EL vegane Margarine
1 kg festkochende Kartoffeln
80 g Mehl
1 EL Olivenöl
Salz

Sellerie- oder Zitronenschalenstreifen
zum Garnieren

ERGIBT 4 PORTIONEN

Sellerie, Karotte, Zwiebel und Knoblauch in sehr feine, etwa gleich große Würfel schneiden. Die Tomaten in einen Topf geben. Zunächst die Karotte, dann Sellerie, Knoblauch und zum Abschluss die gehackten Kräuter auf den Tomaten verteilen. Olivenöl darüberträufeln.

Den Topf mit einem Deckel verschließen und ohne zu rühren etwa 1 Stunde sanft köcheln lassen. Gelegentlich den Topf etwas rütteln. Die Sauce im Topf mit dem Stabmixer nicht zu fein pürieren, Margarine dazugeben und etwas eindicken lassen.

Den Backofen auf 200 °C vorheizen, die Kartoffeln in Alufolie wickeln und im Ofen in etwa 60 Minuten garen (nicht in Salzwasser kochen). Nur kurz abkühlen lassen, bis man sie anfassen kann, dann sofort pellen.

Die noch warmen Kartoffeln mit einer Gabel zerdrücken, mit Salz würzen. Nach und nach etwas Mehl einarbeiten, bis der Teig weich, aber nicht klebrig ist. Achtung, den Teig nicht zu viel kneten.

Eine Arbeitsfläche leicht bemehlen. Aus dem Teig sechs daumendicke Stangen rollen und diese mit dem Messer in etwa 1 Zentimeter breite Stücke teilen. Auf ein großes, leicht bemehltes Holzbrett setzen, mit einem sauberen Küchentuch bedecken und beiseitestellen.

Die Gnocchi in ausreichend sprudelnd kochendes Salzwasser geben. Sobald sie an die Oberfläche steigen, sind sie fertig. Mit einem Schaumlöffel herausheben, in kaltem Wasser abschrecken und in einem Sieb abtropfen lassen. Mit etwas Öl beträufeln.

Gnocchi in etwas Öl anbraten und mit der Sauce und einigen Selleriestreifen garniert servieren.

CHINESISCHE NUDELPFANN-KUCHEN MIT SPARGEL

500 g chinesische Weizennudeln
250 g Spargel
2 cm frischer Ingwer
250 g junger Spinat
2 Knoblauchzehen
30 ml Pflanzenöl
1 EL Maisstärke
80 ml Reiswein
30 ml Sojasauce
1 EL schwarzes Bohnenmus
2 TL Sesam- oder Chiliöl
Salz, schwarzer Pfeffer

ERGIBT 4 PORTIONEN

In einem großen Topf reichlich Wasser zum Kochen bringen. Die Nudeln ins Wasser geben und bissfest garen. Abgießen und mit kaltem Wasser abschrecken.

Den Spargel schälen, die holzigen Enden abschneiden und die Stangen in 5 Zentimeter große Stücke schneiden. In heißem Salzwasser 10 Minuten sehr bissfest garen.

Den Ingwer schälen und fein hacken. Den jungen Spinat gründlich waschen. Den Knoblauch fein hacken.

In einem Wok die Hälfte des Öls erhitzen und bei mittlerer Hitze Knoblauch und Ingwer für 1 Minute braten. Den Spargel und 2 Esslöffel Wasser hinzugeben und für 2 Minuten köcheln lassen. Die Maisstärke in einer Schüssel mit dem Reiswein und 2 Esslöffeln Wasser anrühren. Die Mischung zusammen mit der Sojasauce, dem Bohnenmus und 2 Esslöffeln des Pflanzenöls in den Wok geben. Die Sauce aufkochen lassen und den Spinat dazugeben. Zusammenfallen lassen und sofort vom Herd nehmen.

Das restliche Pflanzenöl in einem Wok stark erhitzen. Die Nudeln in 4 Portionen aufteilen und portionsweise ins heiße Öl geben, mit einem Pfannenwender platt drücken und von beiden Seiten goldbraun braten. Die Nudelpfannkuchen auf Tellern anrichten und das Gemüse mit der Sauce darübergeben. Mit Sesamöl, Salz und Pfeffer würzen.

VEGANES PAD THAI

400 g Reisnudeln
3 EL Kokosfett
2 EL Erdnüsse
1 TL Currypulver
2 Knoblauchzehen
1 rote oder gelbe Paprika
3 Frühlingszwiebeln
2 EL Tamari (kräftige Sojasauce)
150 g Pilze
1 TL geriebener Ingwer
1 TL Cayennepfeffer
1 TL Korianderpulver
1 Prise Chiliflocken
2 TL Tamarindenpaste
1 EL Limettensaft
Salz, schwarzer Pfeffer

ERGIBT 4 PORTIONEN

Die Nudeln für ca. 10 Minuten in heißem Wasser einweichen. Einen Wok erhitzen und das Kokosfett im heißen Wok zerlassen. Die Erdnüsse darin anrösten. Mit der Hälfte des Currypulvers würzen und einige Minuten braten.

Den Knoblauch und die Paprika fein würfeln. Die Frühlingszwiebeln in feine Ringe schneiden. Das Gemüse und den Knoblauch bei mittlerer Hitze in den Wok geben und unter Rühren garen. Die Nudeln abgießen, in den Wok geben und unterheben. Nach ein paar Minuten die Sojasauce einrühren.

Die Pilze putzen, größere Pilze klein schneiden. Anschließend zusammen mit den Gewürzen und der Tamarindenpaste in den Wok geben und garen. Mit Salz, Pfeffer und Limettensaft abschmecken.

DESSERTS

ZITRONENGRAS-CRÈME-BRÛLÉE ▷

1 Zitronengrasstängel
200 ml Kokosmilch
200 ml Sojamilch
100 ml Sojasahne
100 g Zucker
2 Kaffirlimettenblätter
4 EL Stärke
50 ml Zitronensaft

4 EL Rohrzucker zum Flambieren

ERGIBT 4 PORTIONEN

Den Backofen auf 120 °C vorheizen. Das Zitronengras längs vierteln. Kokosmilch, Sojamilch und -sahne zusammen mit 100 Millilitern Wasser und dem Zucker in einen Topf geben und aufkochen. Das Zitronengras und die Limettenblätter zugeben und 2 Minuten köcheln lassen. Die Stärke mit etwas Wasser anrühren. Unter ständigem Rühren den Zitronensaft und die angerührte Stärke untermischen. Einige Minuten kochen lassen, Zitronengras und Limettenblätter entfernen, die Masse in Gratinförmchen füllen und auf ein Backblech stellen. Im Ofen 20 Minuten stocken lassen.

Aus dem Ofen nehmen und abkühlen lassen. Bis zum Servieren etwa 1 Stunde im Kühlschrank kalt stellen. Kurz vor dem Servieren mit dem Rohrzucker bestreuen und flambieren.

CRÈME BRÛLÉE MIT BLUE CURAÇAO

300 ml Sojacreme
100 ml Kokosmilch
150 ml Maracujasaft
2 EL Agavendicksaft
2–3 cl Blue Curaçao
5 EL Reismehl

4 EL Rohrzucker zum Flambieren

ERGIBT 4 PORTIONEN

Den Backofen auf 120 °C vorheizen. Alle Zutaten außer dem Rohrzucker in einen Topf geben und unter Rühren aufkochen. Einige Minuten köcheln lassen, in Gratinförmchen geben und auf ein Backblech stellen. Im Ofen 20 Minuten stocken lassen.

Aus dem Ofen nehmen und abkühlen lassen. Bis zum Servieren etwa 1 Stunde im Kühlschrank kalt stellen. Kurz vor dem Servieren mit dem Rohrzucker bestreuen und flambieren.

KÄSEKUCHEN OHNE BACKEN MIT HIMBEERSAUCE

KUCHENBODEN
200 g Mandeln oder Cashewkerne
1/2 TL Salz
1 TL Vanilleextrakt
80 g Dattelpaste
Kokosfett zum Einfetten

FÜLLUNG
600 g eingeweichte Cashewkerne
180 ml Mandelmilch
60 g Agavendicksaft
80 ml Zitronensaft
1 EL Vanilleextrakt
1 TL Salz
3 EL Sojalecithin
200 ml flüssiges Kokosfett

HIMBEERSAUCE
1 kg Himbeeren
2 EL Agavendicksaft

ERGIBT 1 KUCHEN

Im Mixer die Mandeln bzw. die Cashewkerne mit dem Salz, dem Vanilleextrakt und der Hälfte der Dattelpaste so lange vermengen, bis die Masse beginnt am Rand des Mixgefäßes aufzusteigen. Mit einem Löffel gut durchrühren und die Masse erneut mixen. Den Prozess so lange wiederholen, bis die Kerne gut zerkleinert sind. Dann die restliche Dattelpaste dazugeben und noch einmal kurz durchmixen. Am Ende sollte die Masse gut zusammenhalten, aber nicht zu stark kleben.

Eine Springform mit etwas Kokosfett einfetten und die Teigmasse gleichmäßig am Boden der Form verteilen, glatt streichen und leicht andrücken.

Für die Füllung alle Zutaten außer dem Lecithin und dem Kokosfett in einem Mixer zu einer glatten, cremigen Masse verarbeiten. Dann das Lecithin und das restliche Kokosfett dazugeben und weitermixen, bis alles gut vemischt ist. Die Mischung nun auf den vorbereiteten Boden geben und für ca. 2 Stunden kalt stellen. Der Kuchen ist fertig, wenn sich die Mitte des Kuchens fest anfühlt.

Die Himbeeren mit dem Agavendicksaft cremig pürieren und zum Kuchen servieren.

MOUSSE AU CHOCOLAT

180 g dunkle Schokolade (mind.
80 % Kakaoanteil)
250 ml Sojasahne
1 EL dunkler Rum oder
Amaretto (nach Geschmack)

geriebene dunkle Schokolade
zum Garnieren

ERGIBT 4 PORTIONEN

Schokolade in Stücke brechen und in einer Schüssel über einem Wasserbad vorsichtig schmelzen.

Die Sojasahne steif schlagen und den Alkohol unterrühren. Die geschmolzene Schokolade unterheben und so lange aufschlagen, bis die Mischung abgekühlt ist und ein bisschen fest wird.

Die Mousse in vier Servierschüsselchen geben und über Nacht kalt stellen. Vor dem Servieren mit etwas geriebener Schokolade garnieren.

ZITRONENTARTE

TEIG

4 EL zerlassene vegane Margarine zzgl.
etwas zum Einfetten
4 EL Agavendicksaft
150 g Weizenvollkornmehl
1/2 TL feines Meersalz

FÜLLUNG

400 ml Kokosmilch
200 g Rohrzucker
4 EL Agar-Agar
1 Msp. Kurkumapulver
120 ml frisch gepresster Zitronensaft mit
Fruchtfleisch
2 EL fein geriebene Zitronenschale
2 TL Vanilleextrakt
60 g Reismehl
120 g Natursojajoghurt oder
Vanillesojajoghurt

fein geriebene Zitronenschale und
Erdbeeren zum Garnieren

ERGIBT 1 GROSSE TARTE
ODER 4 KLEINE

Den Backofen auf 180 °C vorheizen. Eine Tarteform mit herausnehmbarem Boden mit Margarine einfetten. Gegebenenfalls können auch vier kleine Tartelettesförmchen verwendet werden.

In einer Schüssel die Margarine mit dem Agavendicksaft vermischen. Die Mischung leicht abkühlen lassen und dann das Mehl und Salz gut unterrühren.

Mit angefeuchteten Fingern den Teig in der Form verteilen, mehrmals mit einer Gabel einstechen und zum Blindbacken trockene Erbsen oder andere Hülsenfrüchte darauf verteilen. Im vorgeheizten Ofen 20 Minuten backen, bis er goldbraun ist. Auf einem Kuchengitter auskühlen lassen.

Die Kokosmilch in einem Topf erhitzen, 120 Milliliter Wasser, Zucker, Agar-Agar und Kurkuma unterrühren und so lange köcheln lassen, bis das Agar-Agar sich aufgelöst hat. Nun den Zitronensaft, die Zitronenschale und das Vanilleextrakt unterrühren und alles zum Kochen bringen.

Das Reismehl in 120 Milliliter Wasser auflösen. Dann zu der Zitronenfüllung geben und unter Rühren 1 Minute kochen lassen, bis die Masse einzudicken beginnt. Den Topf vom Herd nehmen und den Joghurt unterrühren, sodass die Masse schön cremig ist. Nun die Füllung in die Tarteform gießen und bei Raumtemperatur abkühlen lassen. Dann erst für 1–2 Stunden im Kühlschrank fest werden lassen.

Vor dem Servieren mit etwas Zitronenschale und je einer Erdbeere garnieren.

WALDBEER-CREME-TARTE

1 fertiger Tarteteig (siehe Seite 147)

CREMEFÜLLUNG
340 g fester Seidentofu
60 g Zucker
1 EL Zitronensaft
1 Prise Salz

BELAG
1 Pck. Vanillezucker
450 g frische Heidelbeeren
3 EL Maisstärke
1 Prise Salz
3 EL Zitronensaft
150 g frische rote Johannisbeeren oder
Himbeeren

ERGIBT 1 GROSSE TARTE
ODER 4 KLEINE

Den Ofen auf 200 °C vorheizen. Den Teig mit angefeuchteten Fingern in einer großen Tarteform oder vier kleinen Tartelettesförmchen verteilen, mehrmals mit einer Gabel einstechen und zum Blindbacken trockene Erbsen oder andere Hülsenfrüchte darauf verteilen. Im vorgeheizten Ofen 20 Minuten backen, bis er goldbraun ist. Auf einem Kuchengitter auskühlen lassen.

Für die Füllung Tofu, Zucker, Zitronensaft und Salz in einen Mixer geben und zu einer glatten Creme verarbeiten. Die fertige Creme gleichmäßig auf dem Teig verteilen und für mindestens 2 Stunden kalt stellen.

In der Zwischenzeit den Belag zubereiten. In einem Topf den Vanillezucker und 300 Gramm der Heidelbeeren verrühren und bei mittlerer Hitze in etwa 5 Minuten einkochen lassen. Gelegentlich umrühren. Die Stärke mit dem Salz und dem Zitronensaft anrühren und zu den Heidelbeeren geben. Unter Rühren einige Minuten kochen lassen, bis die Masse einzudicken beginnt. Anschließend den Topf vom Herd nehmen und abkühlen lassen. Die Masse auf der Tarte verteilen und für weitere 1–2 Stunden kalt stellen. Kurz vor dem Servieren mit den frischen Beeren garnieren und gekühlt servieren.

VEGANER APFELSTRUDEL

STRUDELTEIG
200 g Weizenmehl Type 550
1/4 TL Salz
1 EL Rapsöl
1/2 TL Apfelweinessig

FÜLLUNG
5 EL große Rosinen
4 EL dunkler Rum
1 1/2 kg Äpfel (z. B. Granny Smith)
60 g Zucker
1/2 TL Zimtpulver
1/4 TL Muskatnusspulver
1/4 TL zerstoßener Piment
100 g vegane Margarine, zerlassen
120 g Semmelbrösel
60 g fein gehackte Walnüsse

Vanillesauce zum Servieren

ERGIBT 1 STRUDEL

Für den Strudelteig das Mehl mit dem Salz in einer Schüssel vermischen. In einer zweiten Schüssel 120 Milliliter Wasser, Rapsöl und Apfelweinessig vermischen. Diese Mischung nun nach und nach zu der Mehlmischung geben und mit einem Holzlöffel einarbeiten.

Den Teig auf eine bemehlte Arbeitsplatte geben und für ca. 5 Minuten weiterkneten. Mit etwas Rapsöl einölen, zurück in die Schüssel geben und mit einer Folie bedeckt 1 1/2 Stunden ruhen lassen.

Während der Teig ruht, die Füllung zubereiten. Dazu die Rosinen in eine Schüssel geben, mit dem Rum bedecken und 15 Minuten ziehen lassen. Die Äpfel schälen, vierteln, entkernen, in dünne Spalten schneiden und in eine Schüssel geben. (Die fertig vorbereiteten Äpfel sollen 1 Kilogramm ergeben.) Zucker, Zimt, Muskat, Piment und die Rumrosinen mit der Flüssigkeit dazugeben und alles gut vermischen.

Den Backofen auf 200 °C vorheizen. Zum Ausrollen des Strudelteigs zunächst ein sauberes Geschirrtuch (mindestens 60 x 90 Zentimeter) bereitlegen. Den Teig auf dem Tuch so dünn wie möglich ausrollen und auf dem Handrücken langsam und vorsichtig weiter auseinanderziehen. Am Ende sollte der Teig so dünn sein, dass man das Tuch darunter durchscheinen sieht.

Den Teig mit 3 Esslöffeln der zerlassenen Margarine einpinseln, die Semmelbrösel daraufstreuen und darüber die Walnüsse verteilen. Dabei einen Streifen von ca. 8 Zentimeter an jeder kurzen Seite freilassen. Zuletzt die Äpfel mit der Flüssigkeit darauf verteilen.

Ein kurzes Ende des Teigs über die Füllung schlagen und vorsichtig mithilfe des Tuchs aufrollen. Dann den Strudel mit der Naht nach unten, auf ein mit Backpapier ausgelegtes Backblech legen (evtl. das Küchentuch oder zwei große Pfannenwender zu Hilfe nehmen).

Den Strudel in Form eines Hufeisen ausrichten und mit der restlichen geschmolzenen Margarine bestreichen. Im vorgeheizten Ofen im oberen Drittel in etwa 30 Minuten goldbraun backen. Den Apfelstrudel in Stücke schneiden und warm mit Vanillesauce servieren.

HIMBEERCREME ▷

200 g Cashewkerne
400 g Himbeeren, gefroren oder frisch
2 EL Agavendicksaft

frische Himbeeren zum Garnieren

ERGIBT 4 PORTIONEN

Die Cashewkerne 2 Stunden in Wasser einweichen, abgießen und pürieren. Dann die Himbeeren dazugeben und weitermixen. Den Agavendicksaft und einige Esslöffel Wasser dazugeben und zu einer cremigen Konsistenz verarbeiten.

In kleinen Dessertgläschen anrichten und mit ein paar frischen Himbeeren garnieren.

ZITRONEN-THYMIAN-CREME

40 g gehobelte Mandeln
60 g Cashewkerne
200 g Rohrzucker
240 ml frisch gepresster Zitronensaft
fein geriebene Schale von 2 Zitronen
1 EL Thymianblättchen

frische Beeren und Thymian zum Garnieren

ERGIBT 4 PORTIONEN

Mandeln und Cashewkerne 2 Stunden in Wasser einweichen. Anschließend abgießen, pürieren und beiseitestellen.

In einem Topf 500 Milliliter Wasser zum Kochen bringen, die Hitze reduzieren, den Rohrzucker hineingeben und unter Rühren auflösen. Vom Herd nehmen und den Sirup in einer Schüssel Eiswasser abkühlen lassen.

In einer Metallschüssel Sirup, Zitronensaft und -schale, Thymian und die pürierten Nüsse verrühren, anschließend mindestens 2 Stunden kalt stellen.

Mit frischem Thymian und Beeren garniert servieren.

VEGANE PANNA COTTA

50 g Zucker
1 EL Vanillezucker
1 Pck. Agar-Agar
1 TL Speisestärke
500 ml Sojasahne
300 g Erdbeeren, Himbeeren
oder Heidelbeeren
1 EL Zucker

frische Beeren zum Garnieren

ERGIBT 4 PORTIONEN

Zucker, Vanillezucker, Agar-Agar und Speisestärke mischen. Zusammen mit der Sahne in einen Topf geben, gut verrühren, aufkochen und 2 Minuten köcheln lassen. Die Creme in eine mit kaltem Wasser ausgespülte Schüssel (oder 4 kleine Schüsseln) gießen, abkühlen lassen und mindestens 3 Stunden im Kühlschrank kalt stellen.

Früchte waschen, pürieren und nach Belieben etwas süßen. Die Panna cotta vorsichtig mit einem Messer vom Schüsselrand lösen und auf einen Teller stürzen. Mit der Fruchtsauce umgießen und mit einigen Beeren garnieren.

DURIAN-KÄSEKUCHEN OHNE BACKEN

KUCHENBODEN
200 g rohe Macadamianüsse
150 g Datteln, entsteint
50 g Kokosflocken

FÜLLUNG
100 g Cashewkerne
2 Tassen pürierte frische Durian
4 EL Zitronensaft
100 ml Agavendicksaft
200 ml flüssiges Kokosfett
1 TL Vanilleextrakt
1 TL Sojalecithin

SAUCE
1/2 Tasse pürierte frische Durian
120 ml Sojacreme
50 g Datteln

ERGIBT 1 KUCHEN

Für den Boden die Macadamianüsse und die Datteln in der Küchenmaschine zu einem Teig verarbeiten. Die Kokosflocken auf dem Boden einer Springform verteilen, den Teig hineindrücken.

Cashewkerne mit Wasser bedecken und 2 Stunden einweichen, dann abgießen und abtropfen lassen. Cashewkerne, Durian, Zitronensaft, Agavendicksaft, Kokosfett, Vanilleextrakt und Lecithin im Mixer zu einer cremigen Masse verarbeiten. Gegebenenfalls etwas Wasser einrühren. Die Mischung auf den Boden streichen, die Form ein wenig rütteln, damit Luftblasen entweichen können. Den Kuchen 1/2 Stunde in das Tiefkühlfach geben, danach 2 Stunden im Kühlschrank kalt stellen und schließlich erneut ins Tiefkühlfach stellen, bis der Kuchen komplett fest ist. Aus der Form lösen, auf eine Kuchenplatte geben und auftauen lassen. Der Kuchen schmeckt auch, wenn er noch leicht gefroren ist.

Durianpüree, Sojacreme und Datteln im Mixer zu einer cremigen Sauce verarbeiten, gegebenenfalls etwas Wasser untermixen. Die Sauce zum Kuchen servieren.

GLOSSAR

AGAVENDICKSAFT

Der Agavendicksaft (auch Agavensirup) hat einen hohen Fruktoseanteil, ist leicht verdaulich und hat eine höhere Süßkraft als Zucker. Er ist ein guter Honigersatz. Man bekommt den Agavendicksaft in Reformhäusern, Bioläden oder gut sortierten Supermärkten.

AGAR-AGAR

Dieses geschmacksneutrale Geliermittel wird aus getrockneten Algen gewonnen. Es handelt sich dabei um eine wichtige vegane Alternative zu Gelatine. Agar-Agar ist vorwiegend als Pulver, aber auch in Streifen im Handel erhältlich.

ALGEN

Viele Algen, vor allem Meeresalgen, sind essbar, jede hat ihren eigenen Geschmack. Zu den Algen gehört auch der Seetang, sie sind wichtiger Bestandteil der japanischen Küche. Frische Algen werden häufig mit Meersalz bedeckt verkauft und müssen vor der Weiterverwendung mehrfach in frischem Wasser gewässert und gespült werden.

NORI wird häufig zum Einwickeln von Sushi verwendet. Es handelt sich um eine getrocknete Rotalge, die zu Blättern gepresst ist. Nori muss luftdicht verpackt aufbewahrt werden, sonst wird es feucht und verliert sein Aroma.

WAKAME, eine weiche Braunalge, wird ebenfalls in der Regel getrocknet verkauft. Vor Gebrauch wird es etwa 15 Minuten in lauwarmem Wasser eingeweicht, so geht es auf die fünffache Größe auf. Wakame ist würzig-aromatisch und passt zu Miso und Salaten.

CURRYPASTEN

Currypasten basieren auf einer Mischung aus Chilischoten, Zitronengras, Kräutern, Knoblauch und Schalotten. Einige Pasten werden mit Fischsauce, Garnelenpaste oder Krabbenextrakt hergestellt, daher immer aufmerksam die Zutatenliste lesen. Neben der roten und grünen Currypaste ist die Massaman-Currypaste eine der gängigsten.

CURRYBLÄTTER

Curryblätter sind die Blätter des Currybaums (ein Rautengewächs), sie haben nichts mit Curypulver (einer Gewürzmischung) zu tun. Man erhält sie im Asialaden oder im gut sortierten Supermarkt.

GALANGAL

Galangal ist eine dem →› Ingwer ähnliche, rosafarbene Wurzel. Sie ist deutlich schärfer im Geschmack als dieser. Es gibt pulverisierten Galangal, eingelegten im Glas und frischen Galangal in Asialäden zu kaufen. Statt Galangal (oder auch Galgant genannt) kann auch Ingwer verwendet werden.

HOISIN-SAUCE

Diese rotbraune, dickflüssige Würzsauce wird aus fermentierten Sojabohnen, rotem Reis, Sesamöl, Chilischoten, Knoblauch, Essig, Salz und Zucker hergestellt. Ihr Geschmack ist scharf, süß und pikant, sie eignet sich gut als Dip. Hoisin-Sauce gibt es in Asialäden.

INGWER

Die helle Wurzel gehört zu der Familie der Ingwergewächse. Beim Kauf muss sie fest und die Haut glatt sein. Vor der Verwendung schälen. Frischer Ingwer hält sich im Plastikbeutel verpackt im Kühlschrank mehrere Wochen. Er lässt sich sowohl am Stück als auch geraspelt einfrieren. Ingwer gibt es auch als Pulver zu kaufen.

KAFFIRLIMETTENBLÄTTER

Die Kaffirlimettenblätter sind sattgrüne, glänzende Blätter vom indischen Kaffirlimettenbaum. Sie haben ein wunderbar pikantes, zitronenartiges Aroma, sind frisch oder getrocknet erhältlich. Man kocht sie ganz, wie Lorbeerblätter, in den Gerichten mit und entfernt sie danach oder schneidet sie sehr fein in das Gericht, dann lassen sie sich auch mitessen.

KARDAMOM

Auch der Kardamom gehört zu den Ingwergewächsen. Seine Samenkapseln werden den Gerichten ganz zugegeben oder die Samen werden aus den Kapseln gelöst und, auch zerstoßen, zum Würzen genutzt.

KETJAP MANIS (auch Kecap manis)
Ketjap manis ist eine indonesische Würzsauce aus fermentierten Sojabohnen. Sie ist dickflüssig und hat eine dunkle, fast schwarze Farbe sowie ein sehr kräftiges Aroma. Durch Zusatz von Palmzucker gewinnt sie an Süße.

KOKOSMILCH
Kokosmilch wird hergestellt, indem das Fruchtfleisch unter Zusatz von Wasser püriert wird. Anschließend wird die Flüssigkeit abgepresst. So entsteht die Kokosmilch mit einem Fettgehalt von 15–25 %.

KOKOSPASTE
Kokospaste ist auch unter dem Namen *Creamed Coconut* erhältlich. Sie besteht aus Kokosflocken, die in feste Blöcke gepresst und mit dem dabei austretenden Kokosmark zu einer pastösen Masse verarbeitet werden. Die Kokospaste ist ungesüßt. Sie ist in Asialäden und im gut sortierten Supermarkt erhältlich.

KORIANDER
Alle Teile der Pflanze sind verwertbar. Das stark duftende frische Grün wird zum Würzen und Garnieren verwendet, gemahlene Stiele und Wurzeln bereichern thailändische Currypasten, der Samen wird gemahlen oder zerstoßen und oft mit Kreuzkümmel kombiniert. Ein Bund Koriander hält sich länger frisch, wenn es mit Wurzeln in ein Wasserglas gesetzt, eine Plastiktüte übergestülpt, in den Kühlschrank gestellt wird. Die Wurzeln lassen sich einfrieren.

KREUZKÜMMEL
Der Kreuzkümmel hat einen intensiven Geschmack. Sein Samen wird ganz, zerstoßen oder gemahlen zum Würzen genutzt.

KURKUMA
Kurkuma gehört wie der → Galangal und der → Ingwer zu den Ingwergewächsen. Die Wurzel ähnelt optisch der des Ingwers sehr, allerdings schmeckt sie deutlich anders und ist stark gelb-orange gefärbt. Kurkuma wird auch als *Gelbwurz* bezeichnet und färbt Speisen stark gelb. Kurkuma gibt es in Deutschland vorwiegend als Pulver, es ist auch Bestandteil der Currygewürzmischung, der Worcestershiresauce sowie von Pickles und Chutneys.

LECITHIN
Lecithin ist ein Phospholipid, das vor allem zum Emulgieren (Vermischen) von Fetten und Wasser genutzt wird. Natürlich kommt es in tierischen Produkten wie dem Ei, aber auch in pflanzlichen Produkten wie Soja vor (Sojalecithin). Als Zusatz in Mehlen verbessert es die Knet- und Formeigenschaften, was insbesondere bei glutenfreien Mehlen sehr hilfreich ist.

MARGARINE
Leider ist nicht jede Margarine vegan. Bitte immer auf die Zutatenliste schauen.

MISO
Miso ist eine charakteristische Würzpaste der japanischen Küche. Man unterscheidet reine Sojabohnen-Miso von der Mischung Sojabohnen-Reis und Sojabohnen-Gerste. Für Miso werden die Sojabohnen mit Reis bzw. Gerste fermentiert und reifen je nach Qualität einige Jahre. Miso schmeckt je nach Sorte mild bis stark, je heller das Miso, desto milder und süßer schmeckt es. Es ist außerdem salzig und wird, wie bei Gewürzen üblich, sparsam eingesetzt. Miso verträgt keinen Sauerstoff, darum sollte man es immer gut verschlossen im Kühlschrank aufbewahren.

NÄHRHEFE
Diese verarbeitete Hefe wird durch Hitze inaktiviert. Sie ist sehr würzig und gibt Gerichten eine etwas cremigere Konsistenz (die Hefe wirkt als Emulgator). Sie enthält natürliches Glutamat. Nährhefe bzw. Nährhefeflocken sind in Bioläden und Reformläden erhältlich.

NORI
→ Algen

PALMZUCKER
Dieser braune, unraffinierte Zucker wird oft am Stück verkauft. Alternativ kann dunkler Muscovadozucker (ungereinigter, unraffinierter Rohrzucker) verwendet werden.

QUELLER
Der Queller wird auch Passe-Pierre-Alge oder Salicornes genannt. Es handelt sich hierbei jedoch nicht um Algen. Der Queller ist eine Salzpflanze, die vor allem im Wattbereich der Meere auf der Nordhalbkugel wächst. Auch auf salzhaltigen Binnenböden ist der Queller zu finden. Frisch oder eingelegt bekommt man ihn in Feinkostläden oder über das Internet.

REIS, GERÖSTETER
Gerösteter Reis ist auch als *Roasted rice powder* im Asialaden zu kaufen. Auf Seite 48 ist ein Rezept zum Selbermachen.

SAMBAL OELEK
Diese rote, scharfe, dickflüssige Chilipaste wird als Würzmittel und als Dip verwendet. Im verschlossenen Glas im Kühlschrank hält sie sich mehrere Monate.

SESAM
Sesam gibt es als schwarze und weiße Körner. Sie können geröstet und ungeröstet im Essen eingesetzt werden.

SHIITAKE
Shiitake sind dunkelbraune Pilze, die frisch oder getrocknet verwendet werden können. Getrocknete müssen vor Gebrauch eingeweicht werden. In China und Japan gibt es Shiitake wild wachsend, in Europa handelt es sich um Zuchtpilze.

SOJACREME
Der Sahne- bzw. Schmandersatz dient dem Verfeinern von Gerichten.

SOJAFLEISCH
Sojafleisch wird auch *Texturiertes Soja* genannt. Es wird aus Sojamehl hergestellt. Zur Weiterverarbeitung wird es in Wasser oder Brühe eingeweicht, abgetropft, trocken getupft und gebraten.

SOJAMILCH
Sojamilch entsteht u. a. bei der Tofuherstellung aus Sojabohnen und Wasser.

SOJASAHNE
Dieser Sahneersatz lässt sich auch steif schlagen.

SOJASAUCE (SHOYU)
Sojasauce ist eine fermentierte Würzsauce, die aus Wasser, Sojabohnen, Getreide und Salz hergestellt wird.
HELLE SOJASAUCE ist die erste Abfüllung, sie ist dünnflüssig, hellbraun und schmeckt leicht salzig.
DUNKLE SOJASAUCE entsteht nach längerer Reifezeit, sie ist dickflüssiger, dunkelbraun, fast schwarz und besitzt ein volles, kräftiges Aroma.
Beide Arten werden zum Würzen, für Dips und zum Kochen verwendet. Die helle Sauce eignet sich als Würze für Gerichte, die nicht so stark verfärbt werden sollen, die dunkle ist durch Zusatz von Karamell süßer. Für Dips und Marinaden können helle und dunkle Sojasaucen nach Belieben miteinander vermischt werden.
TAMARI ist eine dunkle japanische Sojasauce, mit einem kräftigen, jedoch nicht salzigen Geschmack. Sie wird ohne Zusatz von Getreide hergestellt.

TAHINI
Tahini, oder auch Tahin, ist eine ölige Sesampaste aus dem arabischen oder türkischen Feinkostladen.

TAMARI
→ Sojasauce

TAMARINDE
Die länglichen braunen Samenkapseln haben ein säuerliches Fruchtfleisch, Tamarindenpaste kann man in Asialäden und gut sortierten Supermärkten finden. Alternativ kann Zitronensaft verwendet werden.

TEMPEH
Tempeh ähnelt dem → Tofu, wird aber (statt aus Sojamilch) aus fermentierten, gekochten, ganzen Sojabohnen gewonnen. In der Küche wird er auch ähnlich wie fester Tofu verwendet. Er schmeckt nussig und pikant. Tempeh wird im Handel gekühlt oder gefroren angeboten.

TOFU
Tofu wird aus Sojabohnen hergestellt. Das Herstellungsprinzip entspricht der Bereitung von Quark und Käse (aus diesem Grund wird auch von Sojabohnenquark gesprochen). Die eingeweichten Sojabohnen werden mit frischem Wasser gemahlen und püriert. Nach dem Erhitzen (70–80 °C) wird die Masse ausgepresst, um die Sojamilch vom festen Rest zu trennen. Die heiße Sojamilch wird mit Gerinnungsmitteln (z. B. Nigari, Calciumsulfat, Calciumchlorid) versetzt. Ähnlich wie bei der Käsebereitung wird die ausgeflockte Masse gepresst, bis die gewünschte Konsistenz erreicht ist. Je nach Flüssigkeitsentzug und der anschließenden kürzeren oder längeren Trockzeit an der Luft entstehen weiche oder feste Tofuplatten, die in handelsübliche Rechteckgrößen geschnitten werden.
Je nach Restwassergehalt unterscheidet man festen oder weichen Tofu sowie Seidentofu, zudem gibt es gefriergetrockneten Tofu, der allerdings vor der Verwendung in Wasser eingeweicht werden muss.

SEIDENTOFU wird nicht gepresst, hat einen hohen Wassergehalt und ist puddingartig. In Japan wird er gerne für Dips und Cremes verwendet.

FESTER ASIATISCHER TOFU wird gepresst, behält trotzdem einen relativ hohen Feuchtigkeitsgehalt. Er hat eine weiche innere Struktur.

FESTER WESTLICHER TOFU ist ein sehr fester Tofu, der von allen Sorten den geringsten Feuchtigkeitsgehalt hat.

GETROCKNETER TOFU
muss vor der Weiterverwendung in Wasser eingelegt und anschließend gut ausgepresst werden.

WAKAME
→ Algen

WASABI
Wasabi ist nicht mit dem europäischen Meerrettich verwandt, wird aber als japanischer oder grüner Meerrettich bezeichnet. Die geriebene Wurzel ähnelt Meerrettich im Geschmack, ist aber deutlich schärfer. Frischer Wasabi ist selten, meist wird er als Paste oder Pulver, das mit Wasser angerührt wird, angeboten. Im Asienladen erhältlich.

ZITRONE, EINGEMACHTE
Diese Zitronen werden in Zitronensaft, Meersalz und Olivenöl eingemacht. Sie sind auch im arabischen oder türkischen Feinkostladen erhältlich.

ZITRONENGRAS
Bei dem Zitronengras handelt es sich um eine mehrjährige Grasart, die in dichten Büscheln wild in tropischen Regionen wächst. Heute wird Zitronengras auf Plantagen angebaut. Das Aroma ist kräftig zitronenartig. Die ätherischen Öle befinden sich vor allem im unteren Ende des Stängels, daher werden häufig nur die unteren 10–15 Zentimeter genutzt. Frisch oder getrocknet wird es zum Aromatisieren von Speisen in Stücke geschnitten, zerdrückt und mitgekocht. Vor dem Servieren wird es wieder entfernt. Ganz fein zerkleinert oder als Pulver kann es Salatdressings, Suppen oder Saucen beigegeben werden. Zitronengras ist in Asienläden und gut sortierten Supermärkten erhältlich. In Zeitungspapier eingewickelt lässt es sich im Gemüsefach des Kühlschranks mehrere Wochen aufbewahren und kann auch eingefroren werden.

REGISTER

BEZUGSADRESSEN

ALLES-VEGETARISCH.DE

An der alten Naab 9
D-92507 Nabburg
Telefon: 00 49 (0) 94 33 / 20 34 70
Telefax: 00 49 (0) 94 33 / 20 35 39
info@alles-vegetarisch.de
www.alles-vegetarisch.de

BRUNO FISCHER GMBH

Alpenstraße 15
D-87751 Heimertingen
Telefon: 00 49 (0) 41 39 / 69 94 32
Telefax: 00 49 (0) 83 35 / 98 21 19
info@brunofischer.de
www.brunofischer.de

MONA NATURPRODUKTE GMBH

Lehargasse 11
A-1060 Wien
Telefon: 00 43 (0) 1 / 897 23 00
Telefax: 00 43 (0) 1 / 897 23 00 - 20
office@mona.at
www.joya.info

KEIMLING NATURKOST GMBH

Zum Fruchthof 7a
D-21614 Buxtehude
Telefon: 00 49 (0) 41 61 / 51 16 0
Telefax: 00 49 (0) 41 61 / 51 16 16
naturkost@keimling.de
www.keimling.de

RAPUNZEL NATURKOST

Rapunzelstraße 1
D-87764 Legau
Telefon: 00 49 (0) 83 30 / 52 90
Telefax: 00 49 (0) 83 30 / 529 11 88
info@rapunzel.de
www.rapunzel.de

VEGUSTO – VEGI-SERVICE AG

Bahnhofstrasse 52
CH-9315 Neukirch
Telefon: 00 41 (0) 71 / 470 04 04
Telefax: 00 41 (0) 71 / 470 04 39
kontakt@vegusto.ch
www.vegusto.ch

„Die größte Sehenswürdigkeit die es gibt, ist die Welt - sieh sie dir an."

(Kurt Tucholsky)

Die Welt des Wassers
Rose Maria Donhauser | Jerk Martin Riese

192 S., ISBN 978-3-86528-666-6
€ (D) 19,90 / € (A) 20,50 / CHF 32,–

Die Welt des Salzes
Regina Schneider

192 S., ISBN 978-3-86528-665-9
€ (D) 19,90 / € (A) 20,50 / CHF 32,–

Die Welt des Kaffees
Simone Hoffmann | Rolf Bernhardt

192 S., ISBN 978-3-86528-604-8
€ (D) 19,90 / € (A) 20,50 / CHF 32,–

Die Welt des Kakaos
Simone Hoffmann

180 S., ISBN 978-3-86528-650-5
€ (D) 19,90 / € (A) 20,50 / CHF 32,–

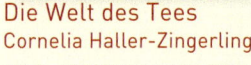

Die Welt des Tees
Cornelia Haller-Zingerling

192 S., ISBN 978-3-86528-277-4
€ (D) 19,90 / € (A) 20,50 / CHF 32,–

- Fundiert recherchierte Kulturhistorie

- Ausführliche Warenkunde

- Informationen zur Herstellung

- Spannende Anekdoten

- Einzigartige Geschmackserlebnisse

COMING UP NEXT!

Emily Mainquist **Sweet**
Vegan Die besten Rezepte

UMSCHAU

SWEET VEGAN | Die besten Rezepte
Emily Mainquist
ISBN 978-3-86528-761-8
EUR (D) 16,90 / EUR (A) 17,40
144 Seiten | Softcover mit Klappen

DIE GENUSSVOLLEN SEITEN DES LEBENS
www.umschau-buchverlag.de | info@umschau-buchverlag.de

Keine Zeit selbst zu kochen? Lassen Sie sich im Restaurant LA MANO VERDE vegan verwöhnen.

Kempinski Plaza · Uhlandstr. 181-183 · 10623 Berlin
www.lamanoverdeberlin.com

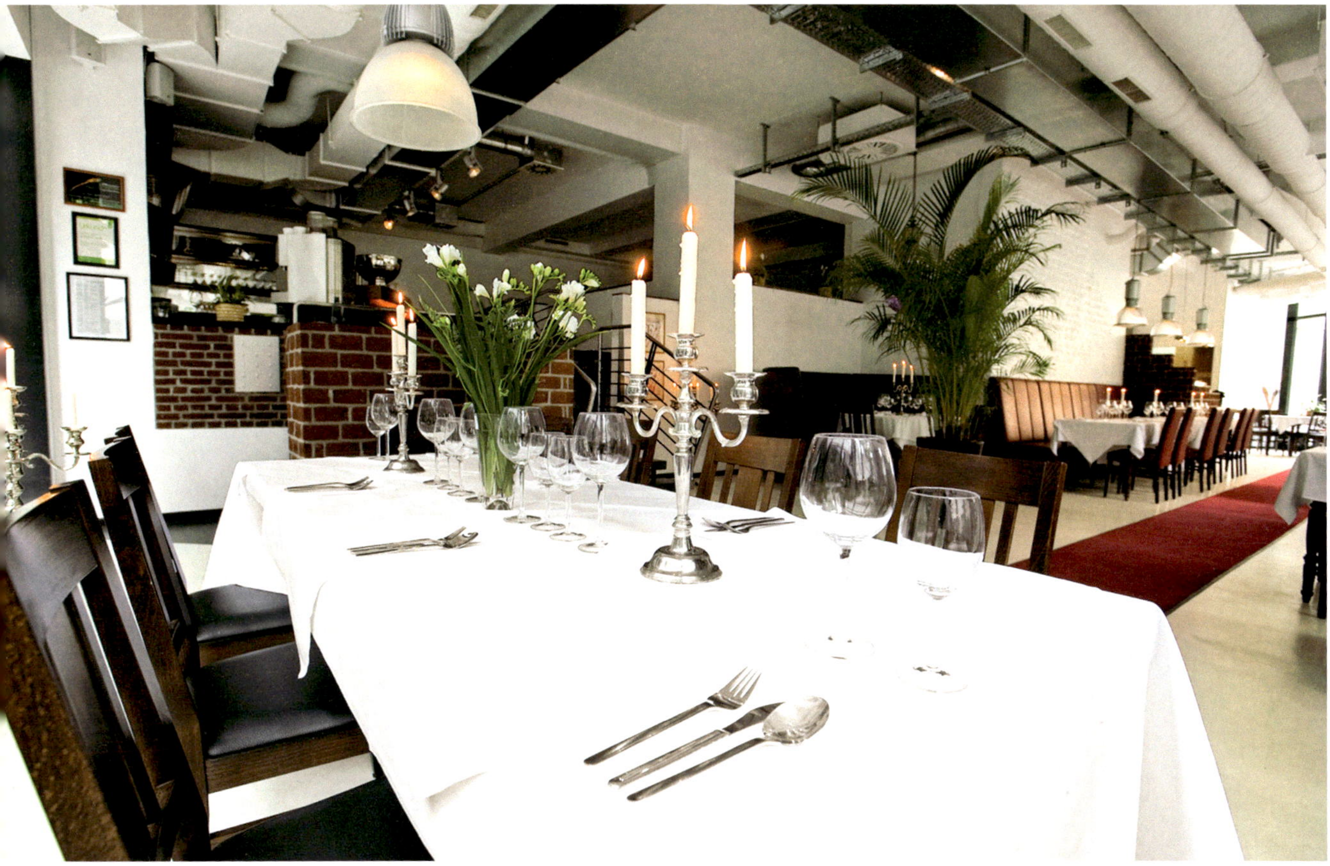

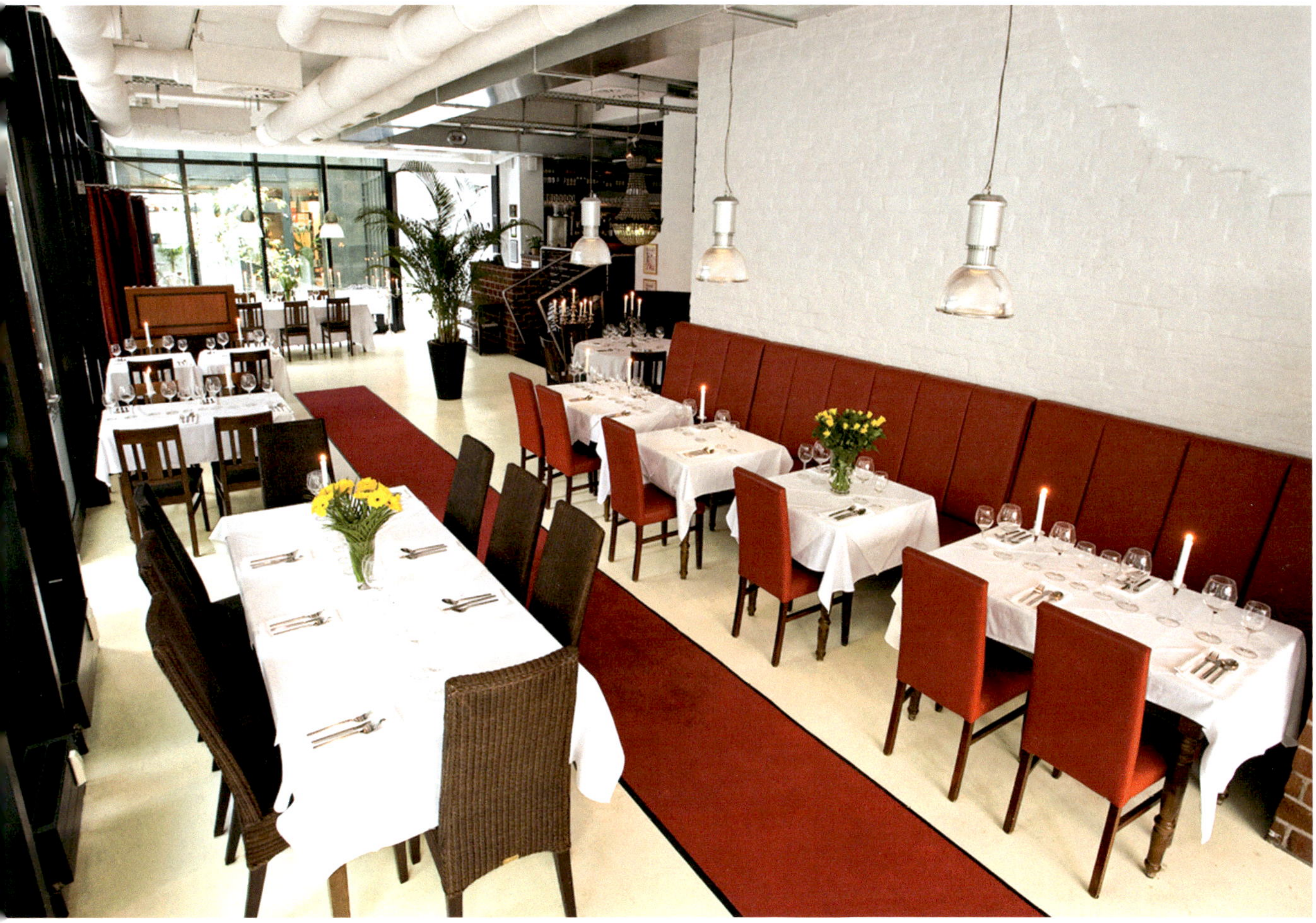

IMPRESSUM

© 2. Auflage 2012, 2011 Neuer Umschau Buchverlag GmbH, Neustadt an der Weinstraße
1. Auflage 2011

Alle Rechte an der Verbreitung, auch durch Film, Funk, Fernsehen, fotomechanische Wiedergabe, Tonträger aller Art, auszugsweisen Nachdruck oder Einspeicherung und Rückgewinnung in Datenverarbeitungsanlagen aller Art, sind vorbehalten. Die Inhalte dieses Buches sind von Herausgeber und Verlag sorgfältig erwogen und geprüft, dennoch kann eine Garantie nicht übernommen werdens. Eine Haftung von Herausgeber und Verlag für Personen-, Sach-, und Vermögensschäden ist ausgeschlossen.

Übersetzung: Stefanie Simon, Neustadt an der Weinstraße

Lektorat: Ilka Grunenberg, Neustadt an der Weinstraße

Gestaltung, Satz und Herstellung: Janine Becker, Neustadt an der Weinstraße

Fotografie: Florian Bolk, Berlin, außer auf den Seiten 11 und 174-175 (© Konzeption und Bild Cathrin Bach, Berlin)

Rezepte: Jean-Christian-Jury, Berlin

Druck: Grafisches Centrum Cuno GmbH & Co. KG, Calbe

Printed in Germany

ISBN: 978-3-86528-728-1

Bitte besuchen Sie uns im Internet

www.umschau-buchverlag.de